U0545072

情緒虐待自癒療法

擺脫心理暴力的惡性循環，重新走向自我復原之路

THE EMOTIONAL ABUSE RECOVERY WORKBOOK
Breaking The Cycle Of Psychological Violence

泰瑞莎・科米托
Theresa Comito, LMFT／著

彭臨桂／譯

目錄

前言：理解情緒虐待，治癒傷痛 11

Part 1 識別情緒虐待 17

Chapter 1 了解情緒虐待 19

情緒虐待的跡象 21

情緒虐待的身體副作用 30

自癒練習：寫日誌 34

施虐者的特徵 39

施虐者的人格障礙 42

情緒虐待者的目的 45

本章總結 48

Chapter 2

悲傷 51

你如何在關係中倖存下來？ 52

自癒練習：
最初的希望與夢想 56

與幻想對話 57

關於愛的迷思 59

關於公平的迷思 60

關於公平的假設 61

關於虐待的迷思 62

探討潛在信念 64

虐待關係的連漪效應 65

撰寫悲傷日誌 66

建立悲傷的儀式 68

展現力量的一封信 70

本章總結 72

Chapter 3

承認與覺察 73

自癒練習：
認出施虐者的手法 75

事件回顧 78

探討家族史 85

回顧重要關係史 88

本章總結 90

Part 2 採取行動

Chapter 4 自我疼惜與自我照顧

自我同情的關鍵要素 95

自癒練習：成為自己的好朋友 96

給自己的一封信 99

承認你的人性 102

自癒練習：不做評判，自我覺察 105

自癒練習：掃描身體，提升自我意識 107

漸進式肌肉放鬆 108

身心連結與自我照顧 112

Chapter 5 界限 127

什麼是界限？ 129

自癒練習：探討原生家庭的界限 130

建立界限的阻礙 134

自癒練習：關於界限的迷思 135

確定並建立個人界限 138

自癒練習：價值觀探討 138

建立界限 145

自癒練習：溝通類型 146

設定界限的技巧 148

本章總結 126

自我照顧的SMART目標 122

安排短期與長期需求 121

Chapter 6 安全計畫 155

自癒練習：拼貼我的個人界限 152
本章總結 153

什麼是安全計畫？ 158
自癒練習：評估危險 157
離開之後 162
自癒練習：
找出可達成的目標,並為此努力 165
為自己創造平靜的空間 166
記住自己是有價值的人 167
我的安全計畫 168
本章總結 173

Part 3 繼續前行 175

Chapter 7 健全的關係 177

自癒練習：定義健全關係的特質 179

個人特質 180

探討我們的關係 183

思考過去、現在及未來的關係 184

建立關係的技巧 186

自癒練習：自我意識／情緒識別 187

處理關係中的衝突 197

自癒練習：學會公平爭論 199

認識溝通的阻礙 201

思考自己在溝通上的阻礙 202

投資我們的關係 205

本章總結 206

Chapter 8 **撤離計畫** 207

自癒練習：探討離開的阻礙 209

本章總結 219

結語 221

參考資料 222

相關資源 230

索引 236

| 前言 |

理解情緒虐待，治癒傷痛

根據全國家庭暴力熱線（National Domestic Violence Hotline）統計，美國幾乎有半數男女在一生中都經歷過親密伴侶的精神虐待（分別為四十八・八％及四十八・四％）。鳳凰城大學的茱迪・布蘭多（Judy Blando）博士於研究指出，在接受調查的員工當中，有將近七十五％的人都曾身為職場霸凌的目擊者與對象而因此受到影響。

我是泰瑞莎・科米托，在加州執業的婚姻家庭治療師。過去十年來，我專門處理情緒虐待受害者與倖存者的問題。我最早期的一位當事人曾經分享，有位社工告訴她，如果她不離開施虐伴侶，家中又通報發生事件，那麼社服單位就會帶走她身邊的孩子。當時，我相信這位社工認為自己是在為我的當事人提供動機，或是表現出「嚴厲的愛」，讓她知道必須離開。結果，我的當事人反而不再說出家裡發生的事，把我

11

和其他人拒於門外，就算發生暴力情況也一樣。受害者留在虐待關係中的理由很複雜。我的當事人和我所愛之人的堅韌與耐力，就反映出了這種複雜性。我認識這麼多復原力強又坦率直言的倖存者，也很榮幸能夠聽他們分享自己的故事。我明白要生存與復原很不容易。可是他們真的恢復了，而你也可以。

這本書的目標就是要幫助你承認及理解情緒虐待，並且從中恢復。如果你正在讀這本書，原因可能是你知道事情出了差錯。也許你不知道如何描述或定義情況，但你要尋找答案，想獲得協助以找出解決之道。你必須明白療癒是一種過程，而且不能只靠自己。可以的話，請找你的愛人、朋友、家人和同事提供幫助與支持。另外，你也要向明白你正在經歷什麼的專業人士尋求協助。在你重建或加強支持者網絡時，諮商師、社工、治療師及支持團體全都能夠提供幫助。到線上尋找服務提供者，聯絡你的保險公司或人資部門，總之請積極尋求支持。這對你的復原極為重要。

這本書會將關於虐待與復原的複雜性，轉化成實際的概念與練習。完成書中的練習後，你就能發現人際關係的模式與動態、認識自己的力量與價值觀、找到自己的復原力、學會處理日常挑戰的實用策略，並且提升自我價值與幸福感。

12

前言

本書使用方法

本書提供了療癒傷痛的私人空間，裡面只有你和書頁，讓你能夠面對自己所經歷的事。這可能會是充滿情緒的過程，而你在跟著本書的進度時，也許會產生強烈的感受。請對自己有耐心，需要的時候就休息，可是千萬別放棄。

如果你認為自己可能有危險，請尋求專業建議與支持。身體虐待幾乎總會伴隨在情緒虐待之後發生。當你嘗試離開這些關係，風險就會增加。

由於療癒是漸進式的，所以本書也設計成漸進式的內容。我們一開始會先建立基礎知識，讓你有機會在整體的背景下處理自己的經歷。接下來，我們要引導你審視自己的關係，而我會帶著你做一連串的練習和自我評估，最後再指引你方向，讓你建立更健全的新技能。

本書的內容不應在倉促下消化。大部分的練習都會請你思考，表示這些概念應該要花些時間深思熟慮。如果你有信任的朋友、家人或治療師，那麼我會鼓勵你向那些人分享與討論其中的某些概念。這本書最好從頭到尾依照安排的順序閱讀，在你讀到

13

後面的進度時，隨時都可以回來參考第一部分的內容。

復原是一種過程，是要重新擁有或掌握那些被偷走或失去的東西。

選擇治療師

如果你覺得治療可能有幫助，那麼愈早進行愈好。治療能夠提升你的見解和自我意識，幫助你釐清目標，並在你做出困難的選擇時支持你。

請找一位有輔導受虐者經驗的治療師談話，可以幫助你應付經常伴隨虐待關係出現的憂鬱與焦慮。治療師會幫助你處理痛苦的記憶或經歷，讓你有繼續前進的可能。他們也會協助你學習調節自己的強烈情緒。

關於尋找治療師，我只能說，最重要的是找到你喜歡的。要找一位能讓你感到自在並理解你的治療師。你和治療師的關係是影響力最大的療癒因子。多聯絡幾位你想找的治療師，有什麼問題就盡量提出。你可以請朋友、家人和其

前言

如果後來你選擇的治療師無法讓你安心,請直接換人,不要猶豫。

另外,請記住幾點:
- 剛開始治療時會有點緊張,這很正常。
- 前一、兩次會面的重點在於收集資訊。治療需要共同合作;請盡量對你的治療師誠實。
- 向治療師提出問題,如果在意什麼就告訴治療師,尤其是關於治療或治療師行為的事。
- 確保在事前討論好付款安排。確認保險範圍或費用,以及治療師想要如何收到款項,另外也包括取消條款等事項。

Part 1

識別情緒虐待
Identifying Emotional Abuse

本書的第一部分要幫助你識別、承認及理解情緒虐待，並且展開復原的過程。

情緒虐待比身體虐待更難識別，不過身體虐待幾乎總會伴隨在情緒虐待之後發生。情緒虐待在本質上是無形的，一般人對此也缺乏確切的了解，因此要識別出來很困難。情緒虐待的形式可能是「鬧著玩」的揶揄、諷刺或玩笑。雖然對方會頻繁地在口頭上攻擊與威脅，但一開始通常不是那樣。

情緒虐待是有系統且非身體上的霸凌。它包括一種行為模式，目的是使受害者痛苦、失去信心，並加以控制。施虐者的首要目的是「控制」。身為情緒虐待的受害者，你也許會經歷焦慮、憂鬱、低自尊、困惑、難以專心或做出決定，以及其他身體上的症狀。

要從情緒虐待中復原是有可能的。復原的前幾個步驟包括確認自己發生了什麼事，明白那不是你的錯，而且要知道施虐者那些行為跟你做的事完全無關。了解施虐者的特性與手法，可以幫助你釐清施虐者自相矛盾的行為和言論所造成的困惑，並且讓你做好行動的準備。

18

Chapter 1

了解情緒虐待

情緒虐待對人的危害相當於身體虐待，而且經常更加嚴重。為了說明這一點，請想一想，在肢體暴力的事件中，受害者可能會有實際的證據，例如瘀傷。他們也許有機會藉由提出控告，採取法律行動，或者藉由保護令來尋求保護。然而，情緒虐待的狀況就不一樣了。情緒虐待是一種更為普遍的虐待形式，大多數都會在身體虐待與性虐待發生的前後出現。

要控制他人，情緒或精神虐待可能是比較有效的方式，因為這會削弱受害者的自信，讓他們懷疑自己的看法。這會從裡到外徹底摧毀你。就是這種關愛與虐待行為互相交替的方式，才會如此有效。

情緒虐待包含所有非身體的行為（包含明顯與隱晦的手法），會隨著時間以某種模式出現。這些手法包括批評（侮辱、謾罵、當成小孩對待）、敵意（吼叫、沉默以對、言語攻擊）、恫嚇（裝模作樣、威脅）、羞辱（利用他們對你的了解來使你難堪），以及騷擾（連續不斷的重複要求）。他們的意圖是要控制或支配受害者，這會導致自我價值降低、心理狀態出問題和自殺想法。

情緒與精神虐待都可以用一個更為廣泛的術語來統稱⋯心理暴力。心理暴力的定

Chapter 1　了解情緒虐待

義是以控制、否定與支配為基礎的行為和言語。這些關係中存在著權力不平衡的情況，所以在各種關係中都可能經歷虐待，例如親密伴侶、父母和子女，以及上司與員工之間的關係。

情緒虐待的跡象

本節描述的行為主要著重於權力與控制手法。如果我們將其視為逐漸轉變的事物，而非完全只以好壞區分，就會更容易了解這些行為。親密關係很少從一開始就會顯露虐待的跡象。事實上，虐待行為早期表現的特徵，經常包括體貼與照顧。照顧行為可能是一種控制的形式。

在關係剛開始時，了解你的新對象可能很有趣又令人興奮。但是，當新對象偶爾說出或做出讓你覺得不對勁的事情，你可能就會有某種情緒或反應。也許你會體驗到失落的感覺，而我們把這種警訊稱為「紅旗」。有時候，我們會陷入新關係帶來的新奇與興奮感之中，因此想要忽視這些跡象，不過請特別注意你的直覺。花點時間仔細

21

檢視對方的話語、行為和意圖。你必須識別這些跡象，才能夠盡快採取行動。

控制

控制是了解虐待時的主要概念。本章所描述的虐待手法或跡象，全都是跟施虐者想要維持對你的控制有關。對方一開始表現出來的形式，可能有體貼、保護與照顧。

然而，在虐待關係中，這些行為表示對方企圖從各方面控制你的生活。

施虐伴侶經常會緊盯著你去哪裡和在哪裡，堅持隨時都要聯絡到你，告訴你可以或不可以見誰、應該穿什麼，諸如此類的事。施虐者可能苛求或發怒，或是以比較溫和的方式提供「有用的建議」。這些要求之中，可能會有他們的批評，或者你會隨著時間注意到，如果不聽從他們的建議就會產生某些不良後果。

辱罵

辱罵又稱為言語侮辱，目的在於贏得爭論、羞辱，或是控制你的自我價值感，這可以明顯表達出來，也可能以開玩笑或鬧著玩的方式掩飾。這麼做的意圖，絕對是要

Chapter 1　了解情緒虐待

輕視並貶低受害者。當爭論的方向總會轉移到攻擊你的性格，並且包括「每次都」和「從來不」這類的話，那麼對方的意圖就只有控制你、削弱你的信心，以及支配你。例如：「你每次都忘記我要你做的事。你是真的笨，還是有什麼毛病？」

吼叫

吼叫通常就是提高音量，不過施虐者會利用吼叫來使人順從。被吼叫者會因此而習慣聽從企圖以這種行為將意志強加於人的吼叫者。吼叫會磨耗受害者的精力，阻止他們表達意見。人的意志與尊嚴會隨著時間被削弱。

煤氣燈操縱

煤氣燈操縱（gaslighting）是近年來常見的主題，這個名詞取自一九三〇年代的舞台劇《煤氣燈下》（*Gas Light*），劇情是一位丈夫密謀陷害自己的妻子，想要操弄她的想法，讓她認為自己發瘋了。在煤氣燈操縱的計謀下，施虐者會這麼做：

23

- 隱瞞資訊。
- 以對自己有利的方式傳達資訊。
- 利用笑話與諷刺來排除受害者的情緒與感受。
- 否定並低估受害者的反應與憂慮。
- 表現得自己或受害者並未說出曾經說過的話，或是某些事件並未發生過。

煤氣燈操縱會導致受害者懷疑自己對現實的看法與感受。煤氣燈操縱的常見說法可能有這些：

「我從來沒那麼說過。」
「你完全沒告訴過我。」
「那根本沒發生過。」
「你確定不是做夢嗎？」
「你太敏感了。」

Chapter 1　了解情緒虐待

採取煤氣燈操縱手法的人,經常會把他們做過的事情投射在你身上,例如,只要你說出知道的事實或質疑他們的說法,他們就會說你搞混、發瘋或昏頭了。在工作環境中,施虐者可能會利用你的工作或構想而攬下功勞,卻不承認自己有這麼做。關於你的事,他們可能會向其他人說謊,或者只擷取一小部分事實來大做文章,毀掉你的名聲。煤氣燈操縱者會利用他們知道的特別重要或敏感的資訊來攻擊你。

孤立

施虐者會把你花時間跟朋友與家人相處這件事視為威脅,因此可能會設法孤立你。首先,他們也許會批評或貶低你跟朋友與家人的關係。例如,施虐者可能會說你愛的人對你很差或利用你,或者你跟他們相處的時間,影響了你和施虐者的關係。這種脅迫手法可能帶有部分的事實,足以影響或混淆你。舉個例子,也許你曾經向對方透露自己對某個家人感到挫折,而在你打算花時間跟那位家人相處時,對方就會提醒你這件事。

有時候孤立你的意圖會更為明顯。施虐者也許會限制你的金錢、交通方式，或是限制你跟朋友與家人的聯絡。這種社交孤立產生的寂寞，可能會導致焦慮、憂鬱、物質使用增加，以及健康問題。

威脅

威脅是一種表達方式，意欲造成你的傷害、痛苦或損失。這是施虐者的一種脅迫行為，暗藏著暴力的可能性。

恐懼會變成強大的激發因素，讓你嘗試改變關係並配合施虐者。這種表達方式經常以你恐懼的事為目標：

（全部來自受虐者的陳述）

「我會自殺。」

「我會殺了你。」

「如果我不能擁有你，別人也不行。」

「我要帶走孩子。」

26

懲罰

「我要把你交給移民局。」

「我要告訴你的家人,你是同性戀。」

「我要毀掉你的生活。」

「我要讓你身無分文。」

「我要去跟別人睡。」

「我絕對不會放你走。」

「也許你再也不想在這裡工作了。」

懲罰是施虐者感到受傷、被拒絕,或是覺得被拒絕時,可能做出的任何反應。懲罰的形式可能是報復或制約。施虐者會為了報復而使你痛苦,並且引發你的制約反應,企圖改變你的行為。

拒絕

拒絕行為是拒絕承認你的需求與才能。這可能包含收回或拒絕付出愛、關注或情感。這種方式是要貶低你和你的付出，暗指沒有人想要或需要你。

忽視

忽視是一種行為模式，目的在於消除關注與情感，並且剝奪你對歸屬感、愛及連結的情感需求。

忽視包括了疏忽行為、不理會、對其他人反而表現出興趣，以及沉默對待。

財務虐待

財務虐待包括限制取用資金、不提供財務資訊，或者完全控制資金，通常就像家長對待孩子的方式。在這種類型的虐待中，受害者經常不知道施虐者的收入情況，或者必須把自己所有的薪水都交給對方。

健全關係的跡象

雖然沒有絕對完美的關係，但健全關係的特徵是尊重與信任。每一段關係都是獨特的，不過健全的關係都有共通的元素，例如以下幾點：

- 我會傾聽彼此。
- 我會認真看待對方關心的事。
- 我們都會為自己的行為負責。
- 我們會支持對方嘗試新事物。
- 我們雖然會吵架，但還是能感受到愛。
- 我們信任彼此。
- 我們會分享過去的事。
- 我們會向對方表達感謝。
- 我們碰面時會打招呼。

- 我們會一起做決定。
- 我們會尊重對方的界限。
- 我們可以接受對方說不。
- 我們充滿了愛，同時也愛嬉鬧。
- 我們會重視並尊重對方與朋友和家人的關係。
- 有壓力或心煩時，我們會向對方尋求理解與支持。
- 我們會彼此鼓勵成長。
- 我們會接受錯誤並從中學習。

情緒虐待的身體副作用

情緒虐待可能會對受害者造成長期影響。在處理虐待的情緒影響時，受害者也可能會開始經歷一些生理作用。受害者可能很難相信自己的身體症狀與受虐經驗有關。

Chapter 1　了解情緒虐待

受害者對困惑、羞愧、恐懼的感受，可能會使他們更難識別出這些身體影響。

焦慮

你最近或以前是否經歷過以下的焦慮症狀？

- ☐ 疲勞
- ☐ 頭痛
- ☐ 肌肉緊繃
- ☐ 疼痛
- ☐ 顫抖
- ☐ 抽搐
- ☐ 冒汗
- ☐ 胸痛
- ☐ 心悸
- ☐ 呼吸急促
- ☐ 暈眩
- ☐ 腹痛
- ☐ 覺得發熱或發冷
- ☐ 雙手刺痛或麻木
- ☐ 記憶發生問題
- ☐ 無法專注
- ☐ 思緒奔騰
- ☐ 焦躁

慢性疼痛

我們知道虐待與創傷和慢性疼痛之間有關聯。雖然當中的原因還不明確,但一般認為,我們在虐待關係中經歷的慢性壓力,會過度激發戰鬥或逃跑反應。這種自然反應會釋放壓力荷爾蒙並抑制免疫系統。過度激發這些壓力荷爾蒙,會影響免疫系統功能的調節,使我們身體發炎的情況增加。這會讓我們有健康狀況及慢性疼痛的風險。

罪惡感

遭受情緒虐待的人,可能會發現自己很容易有罪惡感。情緒方面的施虐伴侶,可能會把自己碰到的任何問題都怪在你身上,包括他們對你的虐待。罪惡感導致的身體影響,可能包括失眠、喪失食慾、悲傷、懊悔。

罪惡感與憂鬱很相似,而臨床憂鬱症可能起因於不間斷的罪惡感,以及必須對施虐伴侶負責的錯覺。

失眠

許多遭受情緒虐待的人都會入睡困難或容易驚醒。慢性壓力和情緒虐待可能導致過度覺醒,這是身體對長期威脅所做出的反應。這會造成肌肉緊繃以及無法放鬆,讓人因此更難入睡。睡眠剝奪可能會對身心都造成長期影響。注意自我照顧及睡眠衛生,是復原的關鍵。

社交退縮

社交退縮可能起因於我們的自尊經常受到羞辱,進而引發羞愧感以及其他在身體與情緒上的症狀。

持續的情緒虐待會磨耗我們的精力,讓我們傾向在朋友與家人中孤立自己。這會讓我們無法得知其他人的意見,也無法獲得朋友與家人提供的情緒支持。我們所愛的人無法接觸我們,也不會注意到虐待對我們的影響。

自癒練習：寫日誌

請花點時間思考情緒虐待對你身體造成的影響。首先，你可以做個簡單的身體掃描，這種練習會引導你將注意力轉移到身體各部位，發現緊繃的地方。找個舒服的姿勢，從腳趾開始往上掃描全身。慢慢將注意力集中在身體內外的各個部位。專注於腹式呼吸，吸氣時推出腹部，呼氣時則往內收。

◆ 第一次掃描身體結束後，再重複一遍，不過這次要留意並寫下你發現緊繃或疼痛的部位。思考你的緊繃或疼痛是否受到你正在經歷或以前經歷的虐待所影響或刺激。

Chapter 1　了解情緒虐待

了解情緒虐待

「為什麼？」或「為什麼是我？」

「我怎麼會吸引這種人？」

「我會吸引施虐者。」

我聽過處於情緒虐待關係的人一再提出這些問題。

經驗告訴我，虐待關係中的受害者之間有一些共通點。我在處理當事人的案件時，明白了這些關係中的每個人都有某種弱點，例如：

● 在遇到施虐者的那段時期，碰到了艱難的生命事件。
● 童年曾經遭受虐待。
● 不正常的家庭動力影響。
● 成癮或物質濫用。
● 殘疾。

- 屬於邊緣群體，例如種族、移民身分、性別、性別認同、性取向。
- 個人特質，像是有同理心、敏感、同情。

以下是幾個案例的故事：

癌症倖存者

有個女人從癌症治療恢復後，因為掉髮和體重減輕而覺得自己沒有吸引力，但是很幸運地生命能夠有「第二次機會」。後來，她遇到一個男人，對方很「保護」她，無法接受她說不，因為他認為這樣對她最好，而且非常關照她，還承諾會有美好的未來與孩子。

隨著關係發展，原本看似關愛與連結的行為變得更誇張了。保護變成了控制她的行動。他不尊重她的界限——她不能說不，一切都由他決定。他開始限制她跟朋友與家人的聯繫，說：「他們可不像我那麼關心妳。」他們生下孩子後，煤氣燈操縱就開始了：「妳真是不感激我替妳找回生活。」

36

Chapter 1 　了解情緒虐待

即將退休的專業護理師

有一位護理師工作了二十六年，即將退休，這時來了一位新的管理者。虐待幾乎從第一天就開始了，那位管理者時常當著大家的面挑剔她的各種小細節；改變政策與程序卻不通知她；而且還會選擇在夜班時段突然出現，朝著獨自值班的她大吼。六十多歲的她害怕會失去退休金，也不覺得自己有能力再找另一份工作，只好試著忍受對方的霸凌，結果恐慌症開始發作。

童年受虐倖存者

有位童年時期受到父親虐待身體的年輕人，在跟一名年輕女子交往之後，形容對方就像有「雙重人格」。

他敘述自己在她大吼、威脅、不斷批評時的反應：

「她生氣的時候聲音會改變，讓我覺得又回到了小時候。我感覺就像父親在生氣，而我知道接下來就要被揍了。我變得安靜又害怕。這樣好像很奇怪，因為我的體型比她大上兩倍，可是我覺得自己什麼也做不了。我是個男人，所

以我不能告訴任何人。他們會認為我很懦弱。我怎麼能離開她？我要對她負責。」

為了她的父親

我輔導的一名女子透過她父親認識了一個年輕人。她的父親在協助指導這名年輕人，原因是對方在成長過程中有很多困難，而且受到了虐待。女子在這名年輕人身邊立刻就感到坐立不安。後來，她的父親被診斷出絕症，一年內就過世了。在父親生病期間，女子開始跟年輕人約會，因為這樣似乎可以取悅父親，後來還匆忙結了婚，好讓父親能夠參加婚禮。父親死後，她丈夫「為了幫助她」而開始接管她的生活和事務。等到她走出悲傷，生活開始回到正軌時，丈夫的批評以及想要孤立她的企圖卻變本加厲。

無合法身分又有弱點

我輔導過一個女人，她從自己的祖國來到美國，原因是為了逃離那裡艱困

Chapter 1 了解情緒虐待

施虐者的特徵

許多處於虐待關係中的人,都會懷疑自己是否應該注意到警訊,可是一開始卻沒看出來。虐待關係起初的情況大多是迅速投入、過度體貼、全神貫注在受害者的安全或幸福上,而且對關係有不切實際的期望。以下是情緒虐待者眾所周知的特徵。

不負責任

施虐者不會承認錯誤或為自己的行為負責。如果他們在工作上遇到困難,或者留

的生活條件,而且孩子也缺乏機會。她沒有合法身分又帶著孩子,所以工作的選擇很有限,也會受到剝削。後來她遇見一位「迷人的男子,很體貼也非常大方」,對待她和她的孩子都是這樣。在她接受對方並開始跟他同居之後,他就控制了她的一切,還威脅說如果不聽從他的指令,就要向移民局舉報她。

不住工作，那是因為他們受到了不公平的對待。如果他們對別人做出虐待行為，那都是受害者的錯，是對方讓他們生氣的。也許施虐者成長的過程很不愉快，或是酗酒，才會有那些行為。

無論發生什麼，或是他們該負的責任有多明顯，都不是他們的錯。事實上，發生事情通常都是你或別人的錯。他們每次道歉時都會補一句話，例如：「要是你沒那麼做，根本就不會發生。」

缺乏情緒／缺少情緒自我控制

施虐者可能會毫無情緒控制，或者對你的情緒痛苦做出冷淡疏遠的反應。健全人格的特徵是有彈性，並且能夠調節情緒。具有虐待型人格的人可能會過度調節情緒，表現出麻木的樣子。如果他們的情緒調節不足，可能就會敏感、暴躁或憤怒。

受害者可能會覺得他們的伴侶／施虐者就像有「雙重人格」。施虐者誇張的情緒波動和過度敏感，經常使受害者感到困惑與不安。虐待型人格很脆弱，容易覺得受到侮辱或冒犯，而且通常有防衛心態。

生性嫉妒

施虐者經常把愛當成嫉妒的藉口：「我會嫉妒是因為太愛你了。」然而，嫉妒跟愛毫無關係。它代表的是占有、控制，以及缺乏信任。嫉妒行為包括質疑伴侶的行蹤或意圖，而且會對事實錯誤解讀，藉此將控制行為合理化。

施虐者可能會：

● 質疑你的穿著。
● 質疑你想穿給誰看。
● 檢查你的手機訊息。
● 檢查你的車子的里程數。
● 頻繁打電話或傳訊息給你。
● 要你立刻回覆。
● 只要你沒立刻回覆，就把這當成你變心的表現，並且質疑你在說謊。

扮演受害者

施虐者對特定挫折的反應，就像是受到了攻擊與針對，而且他們在對質時通常會改寫過去。他們會塑造自我犧牲的形象，並且形容你忘恩負義，或許還會說都是你得到好處，而他們在受苦。到最後，你會覺得自己沒有扮演好伴侶、孩子、朋友或員工的角色。

自負

自負的人只重視自己的形象、成就、外表與素質。施虐伴侶可能會時常提起自己的素質與行為有多麼棒，而受害者能跟他們在一起有多麼幸運。施虐者可能會利用這種形象來控制對方的行為，威脅要是對方讓自己難看，他們就要離開。

施虐者的人格障礙

人格障礙是一種偏離了文化規範的經驗與行為模式，會導致明顯的痛苦和功能障

42

Chapter 1　了解情緒虐待

礙。這是一種沒有彈性的模式，遍布於各種環境與關係之中，會影響一個人的思考，以及看待世界、自己和他人的方式。他們的情緒與情緒管理能力、關係技巧，以及控制衝動的能力，一直都有問題。

這裡要闡明一點，那就是在關係中施虐的人，不一定都有人格障礙或精神疾病。

以下敘述是根據《精神疾病診斷與統計手冊第五版》針對每一項診斷所提出的標準。

反社會型人格障礙

患有反社會型人格障礙（Antisocial Personality Disorder, APD）的人不尊重法律或社會規範。他們會欺詐、衝動、挑釁、暴躁。他們看起來不重視安全、無責任感，而且不會對自己的行為感到懊悔。他們會一直侵犯別人的權利。在關係中，他們會試圖控制別人，以獲得權力或利益。

自戀型人格障礙

「自戀者」一詞與自戀型人格障礙（Narcissistic Personality Disorder）的縮寫詞

43

NPD，近年來相當常用。從臨床觀點來看，具自戀型人格障礙的人極為自大，有一種特權感，需要得到讚賞，相信自己比別人更優越，而且顯得沒有同理心。

患有自戀型人格障礙的人會利用關係謀取私利、嫉妒別人或認為別人嫉妒他們，而且行為舉止自大傲慢。他們交往的對象，必須是他們認為跟自己一樣高地位的人，可是只要有誰讓他們失望，他們就會輕視對方。患有自戀型人格障礙的人對於侮辱或傷害他們自尊的事非常敏感。發怒與反擊是他們自認為被侮辱時最常出現的反應。

邊緣型人格障礙

患有邊緣型人格障礙（Borderline Personality Disorder, BPD）的人通常極度害怕被遺棄、身分認同不穩定，而且人際關係非常緊張。他們很容易衝動，很可能一再表現出自殺行為或威脅要自殘，其他特徵包括情緒不穩定、敏感、憤怒，或是跟壓力相關的偏執。在關係中，他們很可能一下把對方視為理想的人，一下又輕視對方。

44

Chapter 1　了解情緒虐待

做作型人格障礙

患有做作型人格障礙（Histrionic Personality Disorder, HPD）的人會表現出過度情緒化的模式和尋求關注的行為。做作型人格障礙類型的人，一定要成為關注的焦點，而他們採用的方式是迅速轉變情緒、性行為或挑逗行為，以及利用外貌將注意力吸引到自己身上。

他們很容易受到別人的影響，而且實際的關係並沒有他們想得那麼親密。在關係中，他們傾向於依賴別人，也會操弄別人以獲得照顧。

情緒虐待者的目的

情緒虐待者的目的是持續控制受害者。施虐者想要掌握所有決定權，一切都占上風。為了操控你的想法與情緒，施虐者會破壞你的信心、削弱你的自尊，並且讓你懷疑自己的判斷和理智。

情緒虐待者想要支配你，而最有效的方式就是創造適當的情境，藉此動搖你的自

45

我效能感，或是讓你懷疑自己處理情況的能力。

以下列出施虐者用來支配受害者的方式。

控制

控制是施虐者的工具及目的。他們的目的是控制你的一切，因為你的存在就只是為了滿足施虐者的需求。控制會削弱你的自我效能。施虐者會發揮他們浮誇的自我感，藉由控制別人以增加自己的重要性與優越性。不安全感、紓解壓力、害怕被遺棄，這些都是他們想要支配別人的可能原因。

貶低

貶低的目的是要讓你覺得自己沒那麼重要。施虐者可能會選擇批評那些你感覺良好或引以為傲的事，以直接或間接的方式貶低你的成就和你這個人。批評可能包括貶損，讓你在其他人面前成為笑柄，不然就是忽視或不理會你的感覺與意見。施虐者可能會提醒你過去的錯誤和失敗，然後指控你過度敏感與過度反應。

Chapter 1　了解情緒虐待

我有一位當事人說，她為情緒施虐伴侶做了所有家事、採買和料理三餐，他就會開始批評，還經常跟朋友開玩笑說她的廚藝有多麼糟下班後開始替他做飯（她至少比他晚兩個小時回到家）：

「這裡面加了什麼東西？」
「真是難聞。」
「妳連煮開水都不太會。」

輕視

輕視是施虐者經常使用的一種手段，他們會針對以前喜歡過你的優點、才能或其他特質來做文章。這是自戀型施虐者很常見的手法，在許多文章中也常提到。將這個手法搭配效果相反的「理想化」，就會是強力的組合。

我在執業時，會把這種情況形容為施虐者在玩兩面手法。受害者經常會因為輕視的言論而感傷，並且覺得有股強大的力量在拉扯自己，想要復原跟施虐者的關係，重

47

新得到對方的認同與欣賞。

羞愧

我們必須清楚區分罪惡感與羞愧。罪惡感是「我犯了錯誤」，羞愧則是「你是個錯誤」。施虐者引起羞愧的萬用話語，通常是羞辱你的價值、你的能力以及你這個人。施虐者會選擇他們所知的敏感話題來批評：

「你什麼都做不好。」
「你總是讓我失望。」
「你從來就不懂。」

本章總結

這一章是整本書的基礎，其中提供的資訊能讓你更了解並意識到情緒虐待。你對

Chapter 1　了解情緒虐待

自己發生的事以及受到的影響知道愈多，就愈能讓自己準備好擺脫情緒虐待的影響。

知識就是力量。

本章也將虐待拆解成基本元素：

● 背景（權力與控制）
● 虐待手法
● 警示

認識施虐者所利用的這些元素，能夠讓你更清楚明白「遭受行為虐待，並不是你的錯」。

關於施虐者行為的描述，可以強調施虐者的動機，也突顯了一個事實，亦即他們的行為只是為了滿足自身需求。

好好教育自己，這能夠讓你確認並明瞭自己經歷了什麼。在你完成本書的練習時，如果你還是覺得困惑或是感到自我懷疑，就可以回到這一章。

49

Chapter 2

悲傷

情緒虐待自癒療法──
擺脫心理暴力的惡性循環，重新走向自我復原之路

你如何在關係中倖存下來？

我們在失去時經常感到悲傷。在受虐後感受到的悲傷很複雜也令人困惑。如果你脫離了虐待你的上司、家人或伴侶，你很可能會重複經歷許多矛盾的情緒。你可能生氣又難過，而你不想要這樣。但你必須讓自己有悲傷的時間與空間。

我們悲傷的方式可能是沉痛或想念。我們表達悲傷時，就是在感受生命中那個人的缺席。而我們想念的時候，就會希望事情回到以前的樣子。請忍住渴望過去的衝動，因為這不會讓你走出悲傷。這段關係很可能從一開始就跟你以為的不一樣。

隨著虐待關係發展，我們會慢慢地轉變。由於生活變得更加艱難與困惑，所以我們會試著去適應虐待，這樣才能更容易過好日常生活，也防止我們感到無助和失控。雖然我們需要以這種方式適應才不會被壓垮，但受害者的因應技巧最後會發展成將施虐者的行為合理化、看輕並為其開脫。那些幫助我們撐下去的防衛機制，也可能導致我們困在不良關係之中。面對後悔與自責時，要相信你有在虐待關係中倖存下來的

52

Chapter 2　悲傷

復原力。

在虐待關係結束後感到的悲傷,可能較為複雜,而你也可能會懷疑自己在悲傷什麼。如果那段關係很糟,你有什麼好悲傷的呢?其實,即使我們決定離開一段虐待關係,還是有可能會經歷失去的傷痛。什麼可能會讓你經歷失去的傷痛:

- 關係／社群（跟施虐者有關係的朋友或家人）
- 物品
- 生活方式
- 安全感
- 自我感
- 世界觀或信念
- 寵物

伊麗莎白・庫伯勒・羅斯（Elisabeth Kübler-Ross）在面對臨終病患時,發展出了

五種悲傷階段，而許多人都曾經歷過。否認、憤怒、討價還價、沮喪、接受，這些是面臨失去時常見的反應，但我們通常不是以線性的方式感受這些情緒。我們可能只經歷其中某些階段，或者它們會以隨機的順序發生。

有些提醒我們曾經失去什麼的事物，也可能會觸發這類感受，包括每年的某個時候、生日或紀念日等特別日期，或者在我們失去某段關係時，看到別人擁有健全的關係。我們也可能感受到打擊、渴望、寂寞、思考混亂，以及混雜或矛盾的情緒。失去一段虐待關係之後，也經常會出現浪費時間的感覺。

有位正在考慮結束關係的當事人說：「我跟這個人在一起七年了，而七年來我一直在掙扎，也一直在為這段關係努力。我因為這段關係失去了家人和朋友。如果我現在放手，那麼過去七年算什麼呢？我覺得好像永遠無法從失去這段關係的毀滅性影響中復原。」

在嘗試處理這種悲傷時，你可能會有遭受誤解又孤立無援的感覺。朋友和家人也許不會有你期望的反應。他們可能會說那段關係很糟糕（所以有什麼好悲傷的？）或者說你應該感到開心與放心，準備好面對接下來的生活就對了。

要知道，你不必因為對這件事感到難過而覺得自己不好。你是為了失去一份關係以及被奪走的那些無形之物而悲傷。這可能包括你先前的自我形象、自我認同、自尊、樂觀、安全感、信念。了解與承認關係中的虐待，會是一種強大且改變生命的體驗，不過這會帶來痛苦！有了這樣的認知，你的記憶會改變，懊悔與憤怒的情緒也可能會影響你好一段時間。

憤怒經常是改變的催化劑，在復原過程中可能是極為重要的階段。這會讓我們設定界限，並提供我們展開復原過程時所需要的能量。接下來的練習會幫助你探討並度過悲傷和失落。

自癒練習：最初的希望與夢想

◆ 我們在進入一段關係時，都會幻想自己的生命與未來能夠因此得到什麼，所以當關係結束，我們的悲傷有一部分也是源自於自己對這段關係曾經有過的希望與夢想。

這項練習會需要一些時間，而你的回答愈明確愈好。找個舒適安靜的地方坐下來，然後開始回想。讓思緒飄回這段關係剛開始的時候。現在，開始思考你當時想像這段關係會為你的生命帶來什麼。寫下那些幻想，盡量詳細一點。

Chapter 2　悲傷

自癒練習：與幻想對話

◆ 現在，我們要比較幻想與現實之間的差距。看看你在前一項練習所寫下的希望與夢想，替你在那段關係中有過的希望與夢想取一個簡稱或暱稱。在上欄列出希望，再於下欄寫下在現實關係中發生了什麼。例如，「我以為我們會一起激發創意」相對於「施虐者很愛競爭也很會羞辱人」。

希望與夢想
實際情況

57

探討浪漫愛情的文化迷思

請閱讀下列關於愛情的文化迷思。如果有哪句話可能在某個時候影響了你的想法，讓你繼續留在這段關係中，請勾選起來。

☐ 只要有愛，就足以維持關係。
☐ 一見鍾情並立刻來電才是「真愛」。
☐ 我們都有一位註定的知己，唯一的真愛。
☐ 墜入愛河時，你就可以跟對方互相諷刺與競爭。
☐ 嫉妒只是表示伴侶真的愛我。
☐ 在關係中會發生激烈衝突，是因為這段關係充滿了熱情。
☐ 暴力與虐待很性感。
☐ 被跟蹤是一種榮幸也很浪漫。
☐ 伴侶總是把我的最佳利益放在心上，他們的反應只是「嚴厲的愛」，本意是要幫助我。
☐ 對人不好時只要說一聲抱歉，他們還是會愛你。

Chapter 2　悲傷

自癒練習：關於愛的迷思

◆ 開始發生麻煩時,這些關於愛的迷思是如何干擾你的感受與選擇？請寫下至少兩個你受到這些迷思影響的例子。

1.

2.

自癒練習：關於公平的迷思

◆ 請閱讀下列內容，將你受到虐待時影響你做決定的項目勾選起來。

☐ 我們活在一種精英領導體制中，在這個系統裡，人們是根據自身的成就與努力來提升等級。

☐ 善有善報，惡有惡報。施虐者會有報應的。

☐ 如果我專注並做好每件事，就會得到獎勵。

☐ 掌握權力的人都是對的，因為他們握有權力，而他們重視公平與正義。

☐ 客觀與事實支配著我們的社會和職場規範。

☐ 如果我在一段關係中感受到艱難與衝突，那是因為我做錯了某件事，要不然就是我活該。

自癒練習：關於公平的假設

◆ 思考你對公平的看法，以及它如何影響你對其他人的假設。計時五分鐘，寫下你對於這個概念的想法與感受。一直寫下去，不要理會內在批評者，它是你心裡的聲音，只會說「你所想所寫都是錯的」。

來自童年時期或宗教價值觀的長期信念,再加上施虐者對我們傳達的信息,都會干擾或影響我們對事件的解讀。也許我們心裡知道某件事並不是真的,卻仍然依據從小潛藏在意識之下的信念行事。

其實,在施虐者對我們施加的影響之中,有些可能來自於我們不理性或扭曲的潛在信念,有些是我們帶進關係裡的,有些則是施虐者藉由第一章討論過的手段強加在我們身上。

自癒練習:關於虐待的迷思

◆現在,我們來探討一些關於虐待的迷思。如果有哪項潛在信念影響了你對自己的看法,並導致你否認或看輕虐待情況,請將其勾選起來。

☐ 如果有人對我生氣,那是因為我做了某件事造成的。

Chapter 2　悲傷

☐ 家人都是彼此相愛，只會想要幫忙。
☐ 這是個專業的環境。如果出現虐待行為，這個主管是逃不掉的。
☐ 我的伴侶相信宗教，所以絕對不會虐待我，因為這違反了他們的價值觀。
☐ 我的主管聲望很高是因為他們處於權威地位。我一定是做了什麼事才會引發這種行為。
☐ 這只是他們的幽默感。他們的本意是覺得好玩，不是要傷害我。
☐ 我過度敏感了。
☐ 我可以修理這個人。
☐ 如果我改變自己的行為，虐待就會停止。
☐ 女人是不會虐待男人的。
☐ 伴侶並不是真的想要傷害我；他們只是很生氣。

戳破迷思會讓我們認清自己失去了什麼，並且好好為自己失去的一切悲傷。

自癒練習：探討潛在信念

◆ 迷思或潛在信念如何削弱你的努力，藉此主宰你的行為，或是讓你待在自責與羞愧的循環中？（可以回想一下自己的經驗，以往遇過的例子。）

_____
_____
_____
_____
_____
_____

Chapter 2　悲傷

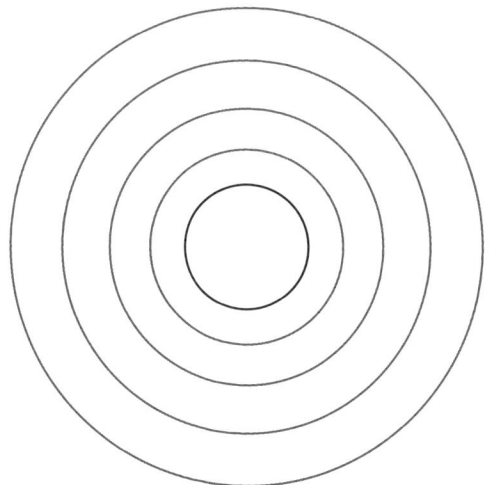

自癒練習：虐待關係的漣漪效應

我們要利用左下方的圓圈來探討你因為虐待而感受到的失落。在本章開頭，曾列出你可能失去的事物有：關係/社群、物品、生活方式、安全感、自我感、世界觀或信念、寵物等。

◆ 在正中心的圓圈裡（倘若寫不下，可以找一張白紙替代。），寫下你因為虐待關係而失去的東西。接著在外圈更明確地寫下其他失去的東西。例如，你可能把第一個圓圈標記為「關係」，然後在其他圓圈明確寫下你因為虐待而失去了什麼，或者是什麼關係因為虐待而遭到破壞。在隨後的欄位寫下你對這項練習的看法。

自癒練習：撰寫悲傷日誌

定期練習寫日誌是很好的自我照顧方式。找一本日誌，或是自己製作。悲傷日誌可以用來探討你的悲傷深度與廣度，並且提供時間和空間，讓你能夠表達並管理自己的情緒。你也可以利用它追蹤自己的進展，也讓自己更能意識到什麼會觸發你的悲傷。

在日誌的每一頁寫下這些東西：

66

Chapter 2 悲傷

以下為參考範例：

日期：二〇二〇年一月二十日

評分：7/10

我今天要寫日誌，是因為在跟妹妹和她的另一半相處之後，感到很難過。我覺得我會永遠孤獨，永遠找不到另一半，再也沒辦法跟另一個人一起快樂相處。儘管我愛他們，也很高興他們能在一起，卻還是嫉妒他們的關係。我為了這種嫉妒的心情而有罪惡感，因為他們是那麼支持我

- 日期
- 替自己的痛苦評分，從1到10（1分是不痛苦，10分是非常痛苦）。
- 寫這篇日誌的原因。
- 十分鐘的自我寫作，探討你目前因為失去而產生的想法、感受與反應。

自癒練習：建立悲傷的儀式

在處理悲傷時，儀式可以成為強大的療癒工具。儀式可以用來回想或釋放強烈的情緒。儀式可以為你帶來清晰平靜的思緒，或者幫助你保持理智。你對這些儀式的反應，跟你對所愛之人過世而感受到的悲傷可能很不一樣，因為你可能會想要改正一些令你悲傷的事。

嘗試下列儀式，並且創造自己的儀式：

- 讓自己有時間哭泣或感受。使用計時器、蠟燭或點一炷香，藉此設定一段明確的時間，讓你可以透過淚水釋放情緒。

- 選擇一首歌曲、一句引文或一段祈禱文，藉由它正視你的苦痛，並強調傷痛是可能痊癒的。或許你會想把內容寫進日誌。我最喜歡的一句引文出自卡繆（Albert Camus）：「隆冬時節，我發現在我心裡有一個不可戰勝的夏天。」

68

Chapter 2　悲傷

- 去從事你在這份關係中被禁止的活動或體驗，例如施虐者不喜歡你做什麼、吃什麼、穿什麼或談論什麼。正視這個活動所引起的感受，如焦慮、恐懼，甚至是你現在可能都還會有的罪惡感。接著，為自己想一句座右銘，例如：「從現在起，我只需要滿足自己。」

- 寫下施虐者在貶低與輕視你時使用的負面標籤。現在把那張紙盡量撕碎，用你最滿意的方式丟掉，像是丟進垃圾桶，拿到火爐中燒掉，放進水裡煮沸，或是丟進馬桶裡沖掉。這項儀式能夠幫助你釋放一些憤怒。

- 藉由樂器或美術用品探討你的情緒，只要你覺得自然順手就可以。這種練習的重點在於由特別難受的回憶或情況所產生的情緒。例如，找個舒適隱蔽的地方，坐下來好好思考那段痛苦的回憶。仔細注意當你想起那些事情時所引發的感覺和情緒。現在，創造出能夠確切反映那種感受的音樂節奏或視覺藝術。

- 使用鉛筆、馬克筆、顏料或雕刻材料，具體呈現你的悲傷。你可能會發現那些材料愈混亂，你的情緒也可能愈混亂，這並沒有關係。

自癒練習：展現力量的一封信

寫一封不寄出的信給虐待你的人。利用以下的結構來完成。

親愛的＿＿＿＿＿，

我們剛認識時，我以為＿＿＿＿＿

我相信＿＿＿＿＿

而我覺得＿＿＿＿＿

後來你第一次＿＿＿＿＿

Chapter 2　悲傷

我覺得

可是我以為

不過現在我知道

我現在要對你放手了，因為

務必給自己足夠的時間與空間，完成這裡的每一項活動，而且也要給自己後續復原的時間。吃一頓營養的餐點，洗個熱水澡，或者跟朋友或家人好好聯絡一下，這些都能讓你有機會調節好自己的情緒。

本章總結

在這一章中，我們將焦點著重於面對虐待關係時產生的複雜悲傷情緒。我們失去的不只是某段關係；還有無數相關的事物被毀壞了。我們應該要花時間認真檢視自己失去了什麼，包括有形和無形之物（失去安全與公平的感覺、失去我們的希望與夢想，以及虐待的漣漪效應），不過這必然會引起痛苦。

思考你是如何改變或失去對自我的看法。在這一章，你也有機會探討先前對於愛、公平及虐待的迷思與信念。雖然你可能會感到頓失依靠，不過將這些迷思解構之後，你就能改掉那些扭曲的舊假設，以更有助益的假設取代。

Chapter 3

承認與覺察

在前面的章節，我們討論了情緒虐待的樣貌、施虐者的特性，以及虐待可能對受害者有什麼影響。在本章的練習與活動中，我們要探討你在親密關係、工作或家庭關係中的經驗。

若是缺乏對虐待的了解與承認，你就無法在復原之路上前進。要知道，這個過程可能會帶來痛苦與悲傷。你應該慢慢地跟著本章的進度，並且給自己一些時間與空間調節情緒。

首先，選擇好時間與地點，讓你有足夠的隱私和復原時間。復原期間要包含緩和、愉快、滋養的活動，或是讓自己放鬆。吃一頓健康的餐點，洗個熱水澡，喝杯茶，或者花時間進行你最喜歡的嗜好，這些都能幫助你復原。

自癒練習：認出施虐者的手法

你生命中那位施虐者使用了什麼手法?請參考第一章曾列出的項目,然後回答以下問題。

第一章列出的常見手法

- 隱瞞資訊。
- 以對自己有利的方式傳達資訊。
- 利用笑話與諷刺來排除你的情緒與感受。
- 否定並低估你的反應與憂慮。
- 表現得自己或你並未說出曾經說過的話,或是某些事件並未發生過。
- 質疑你的穿著。
- 質疑你想穿給誰看。
- 檢查你的手機訊息。

寫下施虐者對你使用的所有手法。

- 檢查你的車子的里程數。
- 頻繁打電話或傳訊息給你。
- 要你立刻回覆。
- 只要你沒立刻回覆,就把這當成你變心的表現,並且質疑你在說謊。

選擇施虐者最常採用的三種手法。在上側欄位寫下一個簡短的例子,並在下側欄位寫下結果。

Chapter 3　承認與覺察

參考範例：

行為＝批評我的穿著　　結果＝換掉衣服

行為	結果
1.	1.
2.	2.
3.	3.

反應與思考：

自癒練習：事件回顧

在你成為虐待事件、對話或評論的目標那一天，畫上一個或多個 ×。

日	一	二	三	四	五	六

Chapter 3　承認與覺察

◆ 寫下你記得的最近一次發生的虐待事件。

現在回顧並思考前面四項練習。你完成了對虐待關係的描述。也許你已經更加了解虐待行為的類型和頻率，以及你對那些行為的反應。

◆ 對你所描述的虐待關係做一個摘要，例如：施虐者做了什麼、你如何受到制約並做出反應，以及虐待的模式和頻率。

重讀你在前一個部分所寫的內容。現在想像有個親愛的朋友或家人告訴你那個故事。

◆這會改變你對那件事的感受嗎？為什麼會或為什麼不會？

Chapter 3　承認與覺察

◆ 你會對他們說什麼？

現在回到你仍然跟施虐者在一起的時候。在繼續之前，請先回到第一章的「了解情緒虐待」（參閱第35頁）。

◆ 當時發生了什麼事？你有工作嗎？你的身體健康嗎？你正在另一段關係中，還是剛結束一段關係？

◆ 你的支持系統情況如何？你是不是剛搬家或調職？你剛失去了什麼嗎？當時你有用藥或喝酒嗎？你屬於邊緣群體嗎？

◆ 回答問題時，請當成你正在向某人講述自己在虐待發生前的故事。關於那段時期的事，你可以請信任的朋友和家人協助你回想。

Chapter 3　承認與覺察

◆ 現在花一點時間思考別人如何看待你，以及你如何看待自己。在每一格裡畫出實際或抽象的圖案。如果你比較習慣使用文字，也可以寫下來。

原生家庭如何看待你？	朋友們如何看待你？
施虐者如何看待你？	你如何看待自己？

◆ 你從這項練習中學到了什麼？

◆ 運用你從這項練習所學到的，列出自己最棒的特點。

自癒練習：探討家族史

在下一頁為你的家族建立一張圖表（樹狀圖），並寫出每個人的關係。往前追溯兩個世代，寫出以下資訊：

- 任何形式的虐待
- 病史
- 物質濫用或成癮史

◆ 你是否在原生家庭中看出了任何模式？

我的家譜樹

```
外祖母 ─┬─ 外祖父          祖母 ─┬─ 祖父
```

Chapter 3　承認與覺察

◆ 你認為有什麼會在家族中「代代相傳」？

◆ 思考並寫下你認為自己受到的教養或家族史，對你有什麼影響。

自癒練習：回顧重要關係史

◆ 回顧你過去的關係。寫下一段簡史。盡量往前回想，記下對方的名字、你當時在那段關係中的年紀，並運用第一章針對虐待關係提供的資訊，將每段關係分類為健全、虐待或不確定。

◆ 你是否發現自己的關係有任何模式？是什麼樣的模式呢？

◆ 誰擁有的關係是你的榜樣？你從他們那裡學到什麼？

◆ 想像你心目中完美的伴侶、上司或家人，這不是指幻想的關係，而是你的理想典型。

◆記下你在關係中一直在意的問題或懷疑。

本章總結

在這一章，我們利用了第一章學到的一些內容，來描述你的虐待關係。回想發生了什麼事、何時發生，以及最近發生的事件，這些都能幫助你不再像以前那樣否認或看輕虐待這件事。

在本章的後半部，你有機會在探討這段虐待關係時運用其他人生經歷當作背景，尤其是你的人際關係史、家族史，以及你跟施虐者關係開始時所發生的任何重大事件。這能幫助你找出自己在成為這一類施虐者的目標時，可能會有什麼弱點。

Part 2

採取行動
Taking Action

在第一章到第三章中,我們探討了什麼是情緒虐待,也提到我們經常長時間藉由生存模式來處理後續影響。

簡單來說,生存模式代表我們只是想繼續過日子。我們專注於減輕自己的痛苦與折磨,並且嘗試讓一切穩定下來。這表示我們做的決定是為了取悅及配合施虐者。希望你現在已經明白,你受到的虐待,以及你的否認、輕視與自責,這些都不是你造成的。這些生存機制會讓你不至於感到無助。或許它們會幫助減少衝突,但也可能導致你繼續留在虐待的情境之中。

我們要真正接受自己遭到虐待的事實,知道這不是我們造成的,明白我們無法控制施虐者的行為,這樣一來,我們才能開始跟自己以及所愛的人重新連結,並且掙脫枷鎖。

Chapter 4

自我疼惜與自我照顧

自我疼惜與自我照顧是受虐後復原的關鍵。在這一章中，我會請你將注意力放在你和自己的關係上。到目前為止，我花了很多時間檢視你和其他人的關係；然而，我們的內在環境，取決於我們如何照顧並理解自己的想法與感受。我們照顧身體的方式，會影響我們的復原力。無論是從虐待或心理健康問題復原，身體自我照顧的重要性都被低估了。

所謂的同情，是能夠明白別人在受苦，並且產生想要減輕那些苦痛的渴望。同情會激發我們做出隨意的善舉、自願提供幫助、捐款給慈善單位，或者獻身照顧我們生命中的其他人。

不管是什麼形式的同情，都會讓世界變得更美好。但很多人都覺得同情他人比同情自己更容易。

發生狀況時，什麼對你比較有難度？自我同情，或是對他人展現同情？

最早在學術上使用「自我同情」這個名詞的研究者克莉絲汀・聶夫（Kristin Neff），替自我同情定義了三個要素：

Chapter 4　自我疼惜與自我照顧

自我同情的關鍵要素

1. 對自己仁慈，或者不自我批評。
2. 接受自己是人類的一分子，或者不要忘記我們都會犯錯並經歷痛苦。
3. 以不批評的態度去感知經驗，亦即所謂的自我覺察。

同情和自我同情是可以培養的。下一頁的練習可以讓你開始培養自我同情。練習時，請記住克莉絲汀・聶夫在研究中提出的三個關鍵要素。

自癒練習：成為自己的好朋友

我們先從第一個要素開始，藉由把自己想成是你最好的朋友來練習自我同情。回答以下問題，接著再思考這會如何改變你和自己的關係。

◆ 你覺得友誼是什麼？

◆ 你最重視朋友的什麼特點？

Chapter 4　自我疼惜與自我照顧

◆ 你覺得自己是個好朋友嗎?為什麼是或為什麼不是?

◆ 什麼會讓你覺得自己受到最多關愛?

◆ 你要如何將對友誼的看法,轉移到你和自己的關係上?

◆ 描述你今天可以做哪兩件具體的事來練習自我同情,變成你自己最好的朋友。

自癒練習：給自己的一封信

我們對待自己的方式，通常跟我們對待朋友和所愛之人的方式不一樣。當我們發現自己犯了錯，很可能會採取嚴酷、批判的態度。我們也可能會退縮而不敢冒險，預期別人會有負面反應。

施虐者可能會加深你在這方面的恐懼。情緒虐待經常會突顯並加深我們對自己最大的恐懼，以及我們最深沉的不安全感。我們也許要努力一點才能改變這種情況，可是這麼做很值得。研究證實，自我批評會讓我們有陷入憂鬱的風險。在受虐後復原時，你一定要用慈愛對待自己，也就是我們對待生命中最親愛的人們時的那種慈愛。

◆ 寫一封信給自己，內容包含承認你的痛苦、確認你對此的感受，以及充滿愛與鼓勵的話語。

Chapter 4　自我疼惜與自我照顧

◆ 接下來,坐在鏡子前大聲讀出這封信,每隔一段時間就暫停一下,看看鏡中的自己。現在花五分鐘思考你做這項練習時的感受。注意身體的任何感覺,也注意是否有任何阻力出現,並且在這裡寫下你的想法。

自癒練習：承認你的人性

完美主義和自我批評的傾向，可能會導致我們過度認同自己所意識到的錯誤。這麼一來，我們就會把所受的苦怪罪在自己身上，並藉此證明我們不好、比別人差或跟別人不一樣。

創傷倖存者經常描述自己是局外人，並且很難把自己當成一般人。然而，承認我們的人性就表示認同我們偶爾會犯錯、做出不好的選擇，以及失敗。

無論你認為自己犯了什麼錯，都不必為你忍受的虐待負責。這會讓我們的視野變得開闊，讓我們知道自己的經驗也是一般人都會遇到的狀況。

◆ 現在讓我們找出一些你可能經歷過或正在經歷的嚴厲批評。寫下一些你在做先前的練習時出現的負面自我對話。

102

Chapter 4　自我疼惜與自我照顧

◆ 寫下你因為受到虐待而如何責怪自己。利用以下的句型或自己寫出來。

我＿＿＿＿＿＿

這是我的錯，因為＿＿＿＿＿＿

要是＿＿＿＿＿＿

我不應該＿＿＿＿＿＿

選出三個你使用前面句型所寫下的陳述句,現在以覺察的方式再寫一次。運用自我同情的其他要素,也就是承認你的人性且不批判,就只寫出你的想法或感受。

範例:

負面陳述:我覺得很糟,因為我很糟。

承認你的人性:我正在受苦。每個人都會受苦。

覺察:我感覺到悲傷。

負面陳述:_____

承認你的人性:_____

覺察:_____

負面陳述:_____

Chapter 4　自我疼惜與自我照顧

承認你的人性：

負面陳述：

覺察：

承認你的人性：

覺察：

不做評判，自我覺察

我們經常跟不愉快的感受搏鬥，而我們會想抓住並延長正面的感受。我們會將自己的感受與經驗分類，並將之評判為好或壞，這大大影響了我們對生活、自己和未來的看法。

我在執業時，經常利用天氣來隱喻情緒的感受。天氣可能在下一個小時、隔天或下個季節發生變化，但下雨的時候，我們知道不會永遠都這樣。天氣的各種變化就像我們有不同的情緒狀態。

當強烈的情緒出現，我們通常就會有採取行動的強烈渴望。因此，我們可能會有分心、逃避、使用物質、自殘或做出某種行為的衝動。如果我們練習自我覺察，就要認知並觀察，但不採取行動，這跟我們對天氣的反應很像：「喔，今天會下雨。」我們接受天氣，把它當成我們無法改變的事。接受這一點之後，我們就可以重新聚焦，關注我們在這段期間可以如何照顧好自己，例如「我要帶雨傘」。

在你感受到強烈情緒或覺得麻木時，接下來的兩個練習可以幫助你。為了復原，遭到虐待的受害者必須熟悉並接受自己身體的感覺。當你感到害怕，就是住在一具緊繃並警戒的身體裡。這些練習可以幫助你注意並描述身體裡的感覺。此處著重的並不是情緒，而是感覺，例如緊繃、刺痛、空虛、發熱。

106

自癒練習：掃描身體，提升自我意識

定期檢視自己的情況，是自我照顧很重要的一環。你必須知道要給自己什麼。這項練習會引導你將注意力轉移到身體的每個部位，注意哪裡有感覺或緊繃。

找一個舒服的姿勢，從腳趾開始往上移動至全身。慢慢來，留意呼吸。

◆完成第一次掃描後，再重複一次，不過這次要注意你在哪裡發現緊繃或疼痛。寫下你注意到什麼感覺，以及在這個過程中浮現的任何想法或聯想。

自癒練習：漸進式肌肉放鬆

這項練習會引導你將注意力轉移到身體的每個部位，在身體放鬆的情況下，提升對緊張的覺知與控制。

找個舒服的姿勢，將注意力從腳趾開始往上移動至全身。慢慢來，留意你的呼吸。從你的腳開始，一次一邊，接著往上移動至全身，將注意力從左側移到右側。一開始要分別感受肌肉可能會很困難，不過隨著練習多次就會逐漸變得簡單。

第一步

慢慢深吸一口氣，然後繃緊你正在注意的身體部位。盡量用力，持續大約五秒鐘。你必須真的感受到肌肉緊繃。這可能會有一點不舒服，所以小心別太過頭了。

第二步

繃緊大約五秒鐘後，讓緊繃的肌肉慢慢放鬆。在這個步驟記得要吐氣。緊繃感逐漸消失時，你應該會感覺到肌肉變得鬆軟。你必須非常專注地分辨肌肉緊繃與放鬆之間的差異。這是整個練習中最重要的部分。

腳：將腳趾向下彎。

小腿與足部：將腳趾向上抬，繃緊小腿肚。

大腿：繃緊大腿的肌肉。

手：握緊拳頭。

右手臂：將前臂舉向肩膀以繃緊二頭肌，握住拳頭並繃緊肌肉。

臀部：用力緊繃肌肉。

腹部：收縮腹部。

胸部：深吸一口氣繃緊。

脖子和肩膀：聳起肩膀，盡量碰到耳朵。

嘴巴：張大嘴巴，繃緊下巴。

額頭：抬高眉毛。

眼睛：將眼皮緊閉起來。

◆完成這項練習後，注意自己有什麼感覺。你是不是從頭到腳更放鬆了一些？
完成這項練習後，你是不是更能意識到身體的感覺？你是否注意到身體在練習的前後有明顯的差異？

腹式呼吸

你的橫膈膜是位於胸腔下的肌肉，將你的胸部與腹部分隔開來。若要讓橫膈膜更加擴張，你可以在吸氣時推出腹部，呼氣時讓腹部往內縮，記得在下次吸氣之前要吐掉所有的空氣。

你最好每天都要多次練習這種運用橫膈膜的呼吸法，每次至少五分鐘。在日常生活中做這項練習，可能也會有幫助，例如早上起床或上床就寢時、飯前或飯後，或是在上車或下車的時候。

你可以在任何地方以任何姿勢練習這種呼吸法。

自癒練習：身心連結與自我照顧

仔細思考「身心連結」，對你有好處。所謂的自我照顧，就是照顧身體健康，並且實施壓力管理，這是近年來廣泛常見的主題和趨勢。這項練習會探討我們的自我照顧作法，也會介紹新的方式，讓我們在艱難的時刻能夠照顧好自己。

◆ 談到自我照顧時，你會想到什麼？

＿＿＿＿＿＿＿＿＿＿＿＿＿＿

＿＿＿＿＿＿＿＿＿＿＿＿＿＿

讓我們在現在與未來都更加努力做好自我照顧。每當我開始跟新的當事人

Chapter 4　自我疼惜與自我照顧

合作時，都會評估他們照顧自己的方式，大致了解他們目前的作法，看看有沒有改善的空間。現在，我也會請你這麼做。

如果你剛脫離一段虐待關係，我猜你可能會疏於照顧自己，因為你並沒有把自己的需求放在第一位。我把自我照顧分成以下十三個類別，但如果你覺得有重要卻未適當提出的項目，也可以自行添加。回答下列問題，圈選「是」或「否」。利用這些項目來觸發下一個活動的目標。

① 精神修養

你會上教堂，或者加入宗教團體？　是／否

你會冥想嗎？　是／否

你會閱讀或研究覺得受到鼓舞或啟發的主題嗎？　是／否

你有參加任何戒癮團體嗎？　是／否

你會花時間反省嗎？　是／否

你喜歡自然、藝術或音樂嗎？　是／否

113

探討靈性

許多人對自己的精神信仰都不太確定，也有很多人排斥自己的家庭宗教教養，不像其他人那樣欣然接受。有時候，我們的宗教信仰會妨礙我們對虐待的看法。傳統性別角色或是關於無私與利他主義的觀念，都可能會混淆我們，讓我們錯看施虐者，以及虐待或利用我們的那些人。

雖然我們很重視慷慨、仁慈、耐心、寬恕，但可能很難把這些特質轉化到日常生活之中，尤其是在虐待關係的背景下。探討靈性就是要問自己這些困難的問題。然而，精神修養（無論是否跟宗教相關）通常都會提升希望與信念，而這兩件事可以大幅改善我們的日常生活和應對能力。

② 營養

你會注意自己的飲食嗎？ 是／否

你會依照固定間隔用餐嗎？ 是／否

你的食物選擇健康嗎？ 是／否

你會吃足夠的新鮮水果與蔬菜嗎？ 是／否

你會喝足夠的水嗎？ 是／否

③ 運動

你每週都有充足的運動嗎？ 是／否

你在日常活動中經常久坐嗎？ 是／否

你會健身嗎？上健身房？在家裡？ 是／否

你會參加團體運動課程嗎？ 是／否

你會遛狗或跟孩子散步嗎？ 是／否

④ **社交參與**

你會跟其他人一起從事有趣的活動嗎？ 是/否

你會花時間跟朋友相處嗎？ 是/否

你會交新朋友嗎？ 是/否

你會跟老朋友保持聯繫嗎？ 是/否

你會跟別人有熱烈的對話嗎？ 是/否

⑤ **社會支持**

你會向親近的人表達感受嗎？ 是/否

你會在需要的時候尋求幫助嗎？ 是/否

你會花時間跟關愛與信任的人相處嗎？ 是/否

⑥ **生活方式**

你會抽菸或抽電子菸嗎？ 是/否

Chapter 4　自我疼惜與自我照顧

⑦ 睡眠

你會使用藥物或酗酒嗎？　是／否

你會從事安全性行為嗎？　是／否

你每天晚上都會睡七至八個小時嗎？　是／否

你有固定的睡前習慣嗎？　是／否

你有睡眠障礙的情況嗎？　是／否

良好的睡眠

我們都知道睡眠對心理與生理健康有多麼重要。現在我們要探討關於入睡或睡眠維持困難的問題。

養成睡前儀式：限制酒、咖啡因、尼古丁的攝取（尤其是接近就寢時間）；維持黑暗與安靜的環境；採用芳香療法、漸進式肌肉放鬆和腹式呼吸；使用引

導式冥想行動應用程式;這些全都是能夠協助改善睡眠的策略。我發現一種瑜伽姿勢對失眠很有效,那就是平躺並將雙腿抬起靠在牆上。

你可能必須多嘗試幾種策略,看看什麼對你有效。如果反覆出現的想法、強烈的情緒或侵入性記憶,讓你晚上無法入睡,請嘗試寫憂慮日誌或作夢日誌。你也可以跟信任的朋友、家人或治療師,談一談創傷的經驗。在白天不願去想的那些事,經常會侵入我們的睡眠。

⑧ **關心健康問題**

你會從事預防性醫療嗎? 是/否

你生病時會尋求治療或替代療法嗎? 是/否

你生病時會跟公司請假嗎? 是/否

⑨ 個人衛生

你每天都會注意個人衛生嗎？ 是／否

你穿的衣物是否舒適，並且適合身邊的環境？ 是／否

你會穿上讓自己覺得有自信的衣物嗎？ 是／否

⑩ 對專業或教育的追求

你是否正處在滿意或感興趣的工作、職業或研究領域之中？ 是／否

你能夠對過多的工作或責任說不嗎？ 是／否

你能夠在職場／學校為自己說話嗎？ 是／否

你在工作／學校的環境中擁有支持關係嗎？ 是／否

你會學習與興趣和價值觀相關的新事物嗎？ 是／否

你在工作時會休息嗎？ 是／否

你會把工作帶回家嗎？ 是／否

你會在需要的時候休息嗎？ 是／否

⑪ **嗜好**

你有嗜好嗎？ 是／否

你經常從事那些嗜好嗎？多久一次？ 是／否

那些嗜好需要與人交際嗎？ 是／否

那些是獨自一人的嗜好嗎？ 是／否

⑫ **注意周遭環境**

你家中有足夠的日常必需品嗎？ 是／否

你在住家與鄰近區域會感到安全嗎？ 是／否

你的居住空間是否整潔有序？ 是／否

⑬ **情緒自我照顧**

你會親切地對自己說話嗎？ 是／否

你會接受其他人的關愛嗎？ 是／否

Chapter 4 自我疼惜與自我照顧

你會做什麼活動撫慰自己？ 是／否

你會笑嗎？或是找一些讓自己發笑的理由？ 是／否

安排短期與長期需求

在這段艱難的期間，培養習慣對於穩定你的情緒很有幫助，而且能讓你度過每天的生活。照顧好前面簡略列出的長期需求，我們就能盡量減少焦慮，有更充裕的時間完成該做的事，在任何層面都會記得要照顧好自己。

找一本掛曆或記事簿，或者使用智慧型手機的日曆，接著開始安排你的行程，處理你的短期與長期需求。從今天開始，製作一份待辦清單，然後檢視這一週剩下的時間裡，你必須完成什麼。定期健診、洗牙、帶孩子或寵物注射疫苗，這些都很重要，也能提升我們的掌控感、勝任感與穩定感。

繼續記錄你做的事，包括每天、每週、每個月、每三個月、每六個月，以及每

121

自我照顧的 SMART 目標

SMART 目標這個縮寫詞最早是由喬治‧多倫（George Doran）所提出的，出自他一九八一年的文章〈撰寫管理目標與目的的 SMART 方法〉。這是建立可達成的目標時，廣泛教學與使用的架構。

SMART 代表的是：明確（specific）、可衡量（measurable）、可達成（achievable）、相關（relevant）、有時限（time-bound）。

現在重新檢視每一個類別，將你認為對自我照顧最重要的部分放在首位。接著，我們來設定三個改善自我照顧的目標：

年。想想每一個月你可以放進行事曆安排的重要事件。寫下一月妹妹的生日、二月規畫的旅行、三月繳稅的期限，諸如此類寫下一整年的大事。這裡著重的是進度，不是要求完美。

Chapter 4　自我疼惜與自我照顧

			2.					1.
A	M	S		T	R	A	M	S

3.

T　　R　　A　　M　　S　　　T　　R

Chapter 4　自我疼惜與自我照顧

◆你的痛苦經驗如何影響你實現自我照顧的能力?找出並思考你在建立自我照顧習慣時,可能會遇到的阻礙。

本章總結

在這段復原的期間，根據本章內容注重自我照顧與自我疼惜，就能滿足我們一直存在的生理、情緒、心理及精神需求。在這一章，你評估了自己目前的作法，建立了新技能，也設定了目標。你利用自我疼惜練習的架構，學會如何改善跟自己的關係。

只要經常練習，你就有機會把自我批評者轉變成一位親愛的朋友。自我照顧是復原的關鍵，也能讓你繼續過著健康均衡的生活，而在這種生活中，你會把自己的需求視為首要之務。注意健康、保持條理、適度放鬆、給自己精神刺激、找到目標，這些都會讓你更有可能在生活中獲得成長與滿足。

Chapter 5

界限

前一章的內容著重於自我照顧，並強調自我照顧在復原期間及復原之後的重要性。不過，自我照顧的層面較為明顯，例如健康的飲食和運動，然而，設立健康的界限對大多數人來說是比較難以理解與實行的事。

我要請你回到第二章的「你如何在關係中倖存下來？」一節（第52頁）。撐過虐待關係與你照顧自己的能力之間，是否有關聯？你學會了處理或適應虐待，並且在將注意力從自我轉移到他人的過程中，脫離了自己的需求與渴望。這種適應虐待的心態通常也會滲透到其他關係之中，因為虐待會隨著時間影響我們對自己的感覺。我們愈聚焦在別人身上，就愈會跟自己脫節。這會讓我們更難實踐自我照顧，包括建立界限，原因是我們不知道自己需要什麼，也無法跟他人真正分隔開來。

健康的界限是自我照顧的關鍵要素，因此本章會專門討論界限，包含界限是什麼、如何定義你自己的界限，以及如何在日常生活中維持界限。設定健康的界限有許多好處，包括幫助我們在做出決定時考量什麼對自己最好，而不只是聚焦於身邊的人。

當你在個人與工作關係中設定或維持界限遇到困難時，可能會導致怨恨、憤怒、

Chapter 5　界限

什麼是界限？

界限會定義出一個空間，能夠保護我們，管理一切能否進入我們的空間，也定義了我們的所有權或責任。建立與設定界限的第一步，就是檢視目前界限在你生活中發揮了什麼作用。

現在，請你想一想其他類型的界限：牆壁、圍欄、柵門、門、窗、簾子，這些全都是人類能夠辨認並依據的界限。界限可以既堅固又封閉，或者鬆散而可穿透。

在這一章中，我們會檢視個人的界限，也會探討你的原生家庭，以及你目前的人際關係。本章的練習會幫助你確定、闡明並實行個人界限。

個人界限是我們在人際關係中運用的準則，可以幫助我們確定如何以安全自在的方式跟他人互動。這能幫助我們確定自己與他人的分界，也能幫助我們保護並照顧好自己。

極度疲勞、經濟負擔，以及浪費時間。這也會讓我們容易被其他人占便宜。現在來看看你對這個主題了解多少。

健康的界限會幫助我們建立身分認同，定義個體性，並且讓我們更清楚知道自己該不該為什麼事負責。界限包含心理、情緒與身體層面。例如，拒絕某位同事的肢體接觸，會設立一道身體界限；請該同事不要對你的時間或情緒做出不合理的要求，則會設立情緒界限，這兩種界限都一樣重要。

工作時的健康界限，可以讓我們更愉快並減少壓力。拒絕是設立界限的一種明顯作法，可是你有多少次因為拒絕而覺得必須向對方解釋，或甚至做其他事來補償呢？你不需要解釋；過度解釋或讓你的價值觀妥協，都跟設立界限的精神背道而馳。你有權決定自己要做什麼和不做什麼。

自癒練習：探討原生家庭的界限

首先我們要了解家庭中的界限。這項練習可以幫助我們更加了解個人界限是如何培養的。請回顧你在家庭中的成長經驗，並回答以下問題。

130

Chapter 5　界限

過去

◆ 回想你的原生家庭，你的家人是否有界限，而且會尊重彼此的界限？請思考並敘述。

◆ 你認為這些早期經驗如何影響你目前處理在關係中的界限？請思考並敘述。

現在

在下一項練習中,我們會探討你目前在關係中的界限與模式。

請利用下列陳述為自己評分。

1 從不　　2 偶爾　　3 經常　　4 總是

1. ___ 我很難說不。
2. ___ 我身邊的人認為我總是有空。
3. ___ 我很難找到自己的時間。
4. ___ 有人傷害我的時候,我不會告訴對方。
5. ___ 有人讓我生氣的時候,我不會告訴對方。
6. ___ 別人要使用我的東西之前不會事先詢問我。
7. ___ 為了避免別人生氣或拒絕,我會在價值觀上妥協。

8. 如果我覺得別人不會認同，就不會表達自己的意見。

9. 有時候我不知道自己有什麼渴望、感受或需求。

10. 我很難做出決定。

◆ 現在，看看你在練習中哪些項目回答了「經常」與「總是」。花一點時間思考，寫下你是否認為身邊的人侵犯了你的界限。這些人是誰？他們如何侵犯你和你的界限？

建立界限的阻礙

特定的態度或看法會造成我們生活中的問題，但我們不一定能明顯看出來。我們必須找回自己的態度與看法，因為這些是由我們控制的，也只能由我們改變。

難處在於，這些態度與看法往往很早就根深柢固了。我們可能會覺得要對別人負責，或者認為別人要對我們的感受與選擇負責。根據本章到目前為止的內容看來，在設定界限上遇到困難的人就是有界限問題的人。

然而，不尊重他人界限的人，其實也有界限問題。

無法拒絕的人有界限問題，但不尊重他人界限或無視他人相關需求的人也是如此。這呼應了第一章中對於虐待者的描述，他們通常不能接受拒絕，會利用各種手段支配及控制受害者，並且讓受害者更難以設定界限。

Chapter 5　界限

自癒練習：關於界限的迷思

在這項練習中，我們要探討一些關於界限的迷思。無論是否意識到，我們對於人際界限與責任的潛在信念，都決定了我們的行為。有時候我們的想法與感受是分離的。例如，某個朋友找我們幫忙，而我們認為對方要求太多了。我們考慮拒絕，卻因此有罪惡感。在情緒虐待的背景中，不適當的界限會讓人容易受到利用，或者更糟的是，我們沒注意到自己一再被另一半侵犯。

請勾選以下你覺得符合的項目。

關於界限的常見迷思：

☐ 如果我設定界限，就代表我很自私。
☐ 設定界限或拒絕，是不服從或無禮的表現。
☐ 如果我開始設定界限，就會受到別人的傷害。
☐ 如果我設定界限，就會傷害別人。

135

- 界限是一種憤怒的表現。
- 別人設定界限時,會讓我感到受傷。
- 界限會讓我有罪惡感。
- 界限是永久的。
- 如果我開始設定界限,就會失去人心或其他事物。

可能代表界限問題的行為:
- 什麼都跟別人說。
- 跟剛認識的人親密交談。
- 為了取悅別人而違背個人的價值觀或權利。
- 讓別人描述你的現實。
- 讓別人定義你。
- 覺得受不了另一個人。
- 接受你不想要的食物、禮物、觸碰或性。

Chapter 5 界限

☐ 讓別人指揮你的生活。
☐ 愛上對你展現興趣的任何人或是你剛認識的人。
☐ 不會注意到別人表現出不適當的界限。
☐ 不會注意到有人侵犯了你的界限。
☐ 為了給予而給出你的一切。
☐ 讓某個人對你予取予求。
☐ 為了得到而對別人予取予求。

如果你在任何一題回答「是」,就代表你有界限方面的問題。運用這項練習,協助你找出自己的弱點,並且幫助你探究這些項目可能建議的行為改變。

舉例來說,如果你在「什麼都跟別人說」這一題回答「是」,這表示你可能需要多花點時間了解對方,才能把你的私事告訴他們。

137

確定並建立個人界限

在前面的練習中，我們探討了不健全的界限可能會有什麼起因或表現形式。在這裡有個明顯的關聯，就是我們的界限可能會因為情緒虐待關係而變得混亂、受到損害，或者被深深地削弱。要從虐待關係中復原，就必須投注大量心力重建我們的界限和對自己的認同。

在接下來一連串的練習中，我們會著重於重建。請你檢視自己的價值觀與文化、目前的關係，以及如何運用堅定自信的溝通來設定界限。

自癒練習：價值觀探討

在接下來的練習中，我們要探討對你而言重要的東西，以及你所重視的個人特質。

使用下列項目找出二十件你重視的事。以一到二十為這些價值觀排名。這

不是一份詳盡的清單,所以你可以隨意新增項目,或者把某一項價值觀替換成你自己的。

☐ 家庭關係
☐ 友誼
☐ 社群參與
☐ 政治參與
☐ 娛樂
☐ 成為教會或宗教團體的成員
☐ 堅持特定的飲食方式
☐ 體適能
☐ 處於親密關係中
☐ 職業
☐ 成功
☐ 財富
☐ 保護環境
☐ 藝術
☐ 清潔
☐ 時尚
☐ 家中環境（實體）
☐ 擔任志工
☐ 照顧動物
☐ 教育

思考前一項練習並回答以下的問題：

◆ 這項練習對你來說很困難嗎？為什麼？

◆ 你是否一直照著自己的價值觀生活？為什麼？

Chapter 5　界限

◆ 你在虐待關係中的經驗,是否會影響你的價值觀和依照價值觀生活的能力?

◆ 價值觀的另一個層面是個人特質。你想在這個世界中成為什麼樣的人?你最欣賞其他人的哪些個人特質?

◆ 你最喜歡自己的哪三項特質？

◆ 你的虐待關係如何影響你的生活或身分認同？

Chapter 5　界限

◆ 在這個部分,寫下讓你沒感覺／愉快或苦惱的行為。例如,被別人觸碰、有人吃你的東西,或是有人未通知就直接到你家找你。花一點時間做這項練習,盡量多想一些。

沒感覺／愉快　　　　　　　　　苦惱

在完成前一項練習時,你可能已經明白,對於特定的行為,你的界限與接受程度會隨著不同的關係而改變。下一項練習是要讓你更清楚你和身邊的人有多「親近」,請以下一頁的三個圓圈為依據。每一個圓圈都代表了一層的關係親密性。在最內圈寫下你的名字,然後問自己下列問題:

143

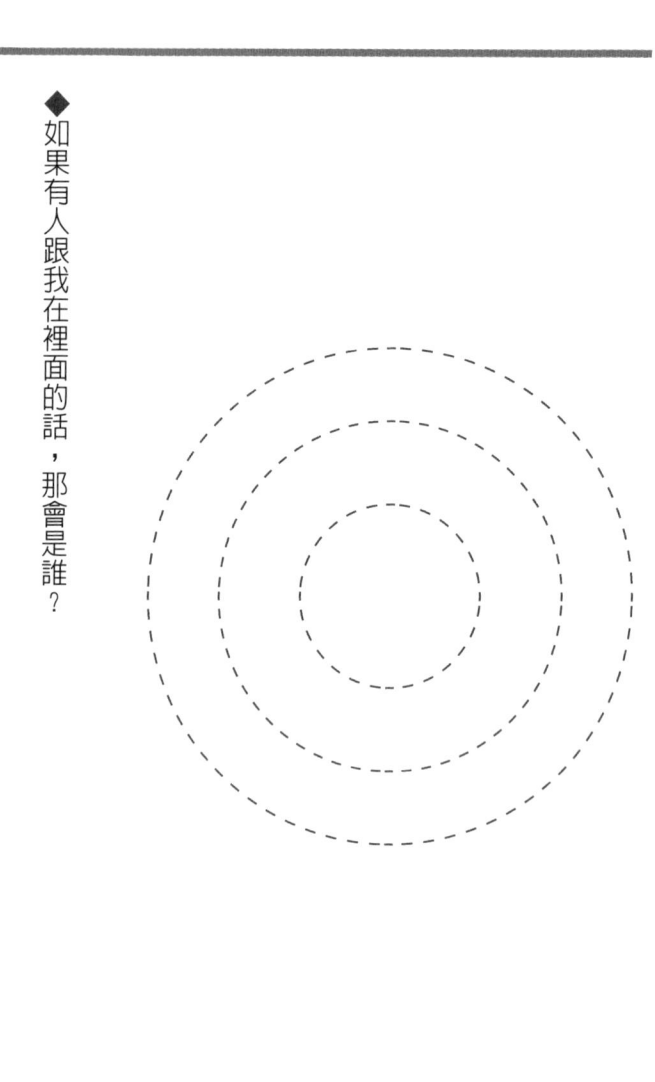

◆ 如果有人跟我在裡面的話,那會是誰?

Chapter 5　界限

◆ 接著,在外層各個圓圈寫下你認為適當的人。你會把其他認識的人擺在哪裡?

建立界限

前面的練習是要幫助你更清楚自己的界限。後面的練習則是要幫助你開始在關係中設定界限。

在我們的所有關係中都需要界限。在長期的關係中,每個人都必須明白並尊重彼此的界限。職場的界限就跟人際關係中的界限一樣必要,而對於不認識的人,你也必須尊重對方並受到對方尊重。

最近有位在職場擔任主管的當事人告訴我,她跟員工之間發生了問題。一位同事跟她說,有人在公共空間談論某位員工的私事,談話包含了一些令人不安的內容,而

145

且也讓其他人很難專心工作。

這位主管的作法是設定界限，也就是諮詢並檢閱適當職場行為的政策與程序，並且追蹤員工的後續情況，處理大家對於在職場中保密與安全的憂慮。

如果其中有權力差異，那麼處理這種情況可能就會變得更有挑戰性。如果違反的人是老闆，而其他人害怕要是尋求協助就會受到報復呢？我們會在著重於安全計畫的下個章節中，更深入探討這個問題。這是一個很好的例子，證明你必須開誠布公跟身邊的人討論你的界限和他們的界限。

自癒練習：溝通類型

我們可以把大部分的溝通分成三個類別：被動、自我肯定、攻擊。回想第一章的內容，我們大概可以確認施虐者最常使用的方法是被動（或被動攻擊），以及攻擊。如果我們在虐待關係中採取了自我肯定溝通，這種方式也會經常被拿來用在我們身上。自我肯定溝通著重於使用「我」的陳述句，這是我們所能採用最清楚明確的溝通類型了。

Chapter 5 界限

我在＿＿＿＿＿＿

希望＿＿＿＿＿＿的時候會覺得＿＿＿＿＿＿

舉例：

我在你當著我家人面前拿我開玩笑時，會覺得被批評，也很丟臉。希望你不要把我當成開玩笑的對象。

我在你七點前沒回家的時候會很擔心，希望你可以傳訊息告訴我，你要晚一點回家，讓我不必那麼擔心。

◆選擇生活中的一個情境來練習「我」的陳述句。在這裡寫下你的經歷：

147

設定界限的技巧

- **要自我肯定**：使用「我」的陳述句，坦率誠實地說出你的偏好。另外，你的反應也要很明確。如果有人找你幫忙，可是你沒辦法，請別說「也許」或「我再告訴你」，或是避開對方。請直接說「不」，而且不必覺得需要找理由。你有權說「不」。

- **了解你的價值觀**：如同在前面練習中所強調的，請根據你的個人價值觀做決定。若不依照自己的價值觀過生活，就會造成內在衝突與焦慮。

- **把焦點放在自己身上**：別說：「不要煩我。」而是要說：「我現在需要一點時間獨處，等我有空的時候會讓你知道。」

- **了解你的極限**：別超出你的能力範圍，包括身體、情緒與心理。

- **注意你的情緒**：留意你整體的接受程度，包括任何正在發展的怨恨或憤怒。當某人侵犯你的界限，就會有明顯的跡象出現。

Chapter 5　界限

● **仔細思考整段關係**：有時候你可能付出的比較多,其他時候你可能付出的比較少。在評估你的關係時,請從整體的觀點仔細思考。從頭到尾是否只有你在付出?

我們主要都在討論拒絕的困難,以及無法向別人主張自己的界限。然而,當我們處於虐待關係之中,有時候卻發現自己改變了。我們會覺得自己應該跟別人建立起嚴密堅固的界限。也許我們會認為不能相信任何人,並且開始在身體或情緒上跟所有人保持距離。過度嚴密的界限可能會跟過度鬆散的界限一樣造成問題。在復原時,我們必須重新建立健全的關係,藉此支持我們的成長,讓我們感到與人連結,有人關愛與支持。

共依存症

對於從虐待關係復原的當事人,我會把共依存症定義為「擱置個人需求,以控制另一半不正常虐待行為的傾向」。

共依存匿名會(Co-Dependents Anonymous, CoDA)將「共依存症」的行為模式分成幾個類別。這些類別為：否認、低自尊、屈從、控制、逃避。在這些類別中會出現的行為或傾向包括：

☐ 難以識別情緒。
☐ 認為自己無私並致力讓他人得到幸福。
☐ 相信他們可以照顧好自己,不需要幫忙。
☐ 有掩飾痛苦的傾向。
☐ 無法識別出他人的情緒無能。
☐ 難以做出決定。
☐ 會自我批評。

Chapter 5　界限

- ☐ 受到讚賞時會不好意思。
- ☐ 不認為自己討人喜歡。
- ☐ 相當忠誠,而且長期留在會受到傷害的處境中。
- ☐ 讓自己的價值觀與操守安協。
- ☐ 將自己的利益擺在一旁。
- ☐ 對別人的感受過度警覺。
- ☐ 害怕表達自己的看法與意見。
- ☐ 接受性關注,而他們想要的其實是愛。
- ☐ 允許成癮行為。
- ☐ 採取間接或逃避式的溝通,以避免衝突。
- ☐ 壓抑自己的情感。

這裡並未列出完整的項目,如果你想要進一步了解,請造訪 CODA.org (https://coda.org/meeting-materials/patterns-and-characteristics-2011/)。

自癒練習：拼貼我的個人界限

這項練習會讓你把關係裡的個人界限與標準，進行視覺化及具體化。在關係中照顧自己時，請專注在能夠強化你並提升決心的事情上。

在一大張紙上描繪或畫出你的輪廓，或者是某個人的大致輪廓。在輪廓內畫圖，或是從雜誌剪下圖案擺進去。使用能夠反映你的獨特性的圖像或文字，想一想你喜歡或能夠產生共鳴的顏色或符號，或者對你有意義的圖像。

在決定放置代表你身體的圖像時，請思考你喜歡那個身體部位的什麼特質，以及有何作用（對你來說很特別的作用，不只是一般功能而已）。例如，在雙手的輪廓內，你可能會展現出自己提供滋養、關愛或自我照顧的能力。接著移到輪廓外，用簡單的句子寫下你在本章學會並認同的人際界限。

另一種寫出界限的方式，是創造出個人的「權利法案」。

本章總結

「界限」是本書中最重要的主題之一。這是我們用來應對關係的準則。你的界限可能會因為你與施虐伴侶的牽連而遭到系統性的破壞。

在這一章，我們探討了界限的定義，以及界限如何在我們的原生家庭受到影響與發展。我們檢視了會妨礙界限建立與實行的因素，也調查了迷思。釐清過去有很大的好處，也能幫助我們設定未來的方向。本章其他部分則提供機會讓我們檢視自己的價值觀與目前的關係，而且建構一套新的界限與期望。

最後，我們概述了實行這些界限的工具，並提出可以運用的溝通策略與技巧。當你對一份關係感到自我懷疑或困惑，需要釐清頭緒時，就可以回到這一章。

最後一項活動是要幫助你將新界限視覺化並加以實現，也許你偶爾會想要回來再檢視一番。

Chapter
6

安全計畫

無論你是否處於關係之中，為情緒與身體安全擬定計畫，都是極為重要的。安全計畫如此重要，主要是因為當你決定離開那個只想支配並控制你的施虐伴侶時，情況通常會演變成控制與虐待行為。因此，如果施虐者開始懷疑你想要離開，虐待的情況可能就會變得更糟，甚至會惡化成肢體暴力。

所以，結束虐待關係對受害者來說可能是風險最高，也是最危險的時刻。除了身體虐待，施虐者可能會奪走金錢或交通的使用權、將重要文件藏起來，或者為了保護自身利益而對你採取某種形式的法律行動。無論是指控你虐待、忽略兒童或有嚴重的精神疾病，施虐者通常會使情況加劇以掌握控制權。

這裡提出的一些內容可能看似極端或令人恐懼；然而，情況惡化是很典型的，因此也可以預測。在這一章，我會請你試著回想受虐期間較為痛苦或恐懼的部分。

156

自癒練習：評估危險

以下的問題是要幫助你在離開受虐情境時評估自身的安全與危險。雖然預測並不容易，但根據我的經驗，我們應該認真考量威脅。我遇過的許多當事人都曾經表示，他們強烈感受到施虐伴侶會做出什麼可怕的事，儘管那件事在關係中的暴力情況很少或從未發生。

研究顯示，一些特定行為與情況會大幅提高受害者受到傷害的風險，包括使用武器或以武器恐嚇、威脅要殺掉受害者與孩子、招住受害者使其窒息、經常嫉妒並控制受害者的日常活動、監視受害者、當受害者嘗試離開時、當施虐者失業時，以及施虐者有過自殺紀錄、虐待兒童、物質濫用問題、阻止報警等情況。

我希望任何人就算只是察覺最細微的危險跡象，也要找專業人士幫助你評估風險。

什麼是安全計畫？

◆ 施虐者曾經在你想要離開的時候發出威脅嗎？請寫下來。

◆ 你對於那些威脅有什麼想法和感受？你相信這個人能夠做出威脅的事嗎？

即使對方從未對你動粗，卻在你要離開時一再地威脅要傷害你，請你相信自己的直覺，但行事時一定要極度謹慎。現在不是看輕自己或事後責怪自己的時候。

Chapter 6　安全計畫

在你離開施虐者之前,或者正要離開或已經離開,都請思考以下的步驟,藉此保護你的身體、情緒與心理健康。

1. 向朋友、家人、鄰居或處理虐待的專業人士尋求支持。撥打熱線或找本地機構,規畫讓你能夠安全離開的方式。

2. 擬定安全計畫,此計畫可以在受虐時的任何階段實現你的所有需求。

安全計畫是當你打算離開關係或已經離開關係之後,依據個人擬定的實用計畫,其中包括在關係中保障安全的方法。擬定安全計畫就是詳盡規畫你會需要的物品、如何面對離開時所引發的強烈複雜情緒、找到能夠提供支持的人、採取法律行動等。好的安全計畫是要根據你的獨特情況量身打造,並且具備所有你需要的關鍵資訊。

在你的安全計畫中,有些事看起來可能很簡單;不過請記住,在恐懼或危急關頭,我們的大腦通常無法像平常那樣正常運作。預先準備好安全計畫,可以幫助你在那些壓力沉重的時刻保護自己。如果處於衝突當中,最好依照規畫過的方式離開,而

這可能會導致施虐者做出更嚴重的行為。如果你打算離開,請開始採取下列行動:

- 留下所有受虐的證據,例如受傷的照片、簡訊、電子郵件等。
- 在日誌裡寫下虐待事件,註記日期、內容以及受到的威脅。把日誌放在施虐者找不到的安全地點。
- 要知道可以去哪裡尋求幫助。
- 把你發生的事告訴某人,取得支持,以及尋求幫助。
- 如果你有孩子,請為他們找個安全的地方,例如可以上鎖的房間,或是可以讓他們前往求助的朋友家。安慰他們,讓他們知道該做的是注意自己的安全,而不是保護你。
- 試著存錢,或是請朋友或其他家人替你保管金錢。做這件事時請謹慎一點,以免引起施虐伴侶的注意。
- 確認你離開時可以去哪裡,並且安排到那裡的方式。
- 收集重要物品與文件,或是重要的紀錄:

- 你和孩子的出生證明
- 身分證及健保卡
- 財務資訊
- 金錢及/或信用卡（你持有的）
- 任何長期或短期的租賃協議，或是你家的地契、房契
- 車輛登記文件與保險資料
- 健康與人壽保險文件
- 你和孩子的醫療紀錄
- 學校紀錄
- 工作許可／綠卡／簽證
- 護照
- 離婚與監護文件
- 結婚證書
- 藥物

情緒虐待自癒療法──
擺脫心理暴力的惡性循環，重新走向自我復原之路

如果你發現無法取得自己的手機，那麼一定要把裡面的通訊錄寫在別的地方，並且要包括以下資料：

- 房子與車子的備用鑰匙
- 貴重珠寶
- 照片與紀念物
- 你和孩子的替換衣物
- 當地家暴防治中心或收容所的電話與電子郵件
- 朋友、親戚、家人的聯絡資訊

離開之後

- 如果可以，請跟你的前任伴侶切斷聯繫。
- 忍住在社群媒體上查看施虐者的衝動。請解除好友或封鎖對方，如果照片與相

162

- 關消息一直跳出來,移除共同的朋友或許也有幫助。
- 換掉你家的鎖,如果可以,也請封鎖施虐者的電話號碼。
- 變更你的工作時間以及上班路線。
- 如果你有保護令,請隨時帶著認證副本,並且告知朋友、鄰居、員工或學校人員,你有一分生效的保護令。
- 考慮租一個郵政信箱或使用朋友家的地址收信。請注意,你的地址會出現在保護令與警方報告中,在給別人地址與電話號碼的時候,也請小心。
- 若施虐伴侶知道你預約即將進行某事,請重新安排時間。
- 改變你的日常慣例,注意身邊的環境。
- 提醒鄰居並要求他們在察覺你有危險時報警。
- 把情況告訴你的同事或同學。

請注意,這裡提供的所有建議與原則都是一般性的。

當你要離開一段虐待關係,想擬定合適的安全計畫,卻有遭遇危險的可能性時,

我強烈建議你向專業人士尋求協助。

在恢復的過程中,你可能會覺得需要原諒施虐伴侶、幫助對方度過分手困境,或者讓對方看到你現在過得更好。雖然這看起來可能違反直覺,但如果不切斷所有聯繫,要結束關係並開始復原其實會更困難。

在你離開並進一步確保安全後,請向他人尋求協助與支持。找時間跟在乎你的朋友與家人相處。告訴他們,你需要他們做什麼,例如聽你訴說自己的經歷,或是阻止你接聽施虐者打來的電話、回覆對方的訊息或採取任何溝通方式。

在本書前面的章節中,有一些能夠在療癒過程中提供協助的詳細練習與資訊。現在請檢視那些內容。記住,這並不是你的錯。讓自己了解虐待,明白虐待如何發生,讚美自己一路以來所展現的力量與復原力,並且做好自我照顧與自我疼惜。

雖然「時間會治癒一切」這句話可能令人洩氣至極,但其中確實有些道理。若想在受虐之後療癒並走出陰影,就需要下工夫並認真努力。復原需要時間、空間和精力。要給自己足夠的時間療癒。

復原對每個人的定義都不一樣,而每個人都必須找出適合自己的方式。

Chapter 6　安全計畫

自癒練習：找出可達成的目標，並為此努力

運用第四章（參閱第122頁）介紹的 **SMART** 目標，寫下你離開關係之後找到的一個或多個目標。SMART代表的是明確（specific）、可衡量（measurable）、可達成（achievable）、相關（relevant）、有時限（time-bound）。

1.

S _____

M _____

A _____

R _____

T _____

自癒練習：為自己創造平靜的空間

在家裡、公共場所或大自然中，找一個讓你覺得安全和平靜的地方。詳細寫下你在那裡想要的所有東西，包括能引發感官享受的物品。例如，在營造平

2.

T　　R　　A　　M　　S

自癒練習：記住自己是有價值的人

為自己採取新的作法，例如你可以嘗試寫感恩日誌與肯定自己。你是很重要也很有價值的人，請記住這個事實；這對你的情緒健康非常有幫助。有人選擇虐待你，這絕對不是你的錯，而且也不貶損你身為人的重要價值。

靜和放鬆的氣氛時，你可能會覺得香氛蠟燭與柔和音樂是必要的東西。

給自己的情緒一些休息時間，偶爾也要退一步思考自己的情況。最後，你就會有足夠的空間與清晰的思路，做出對自己最好的決定。不必隨時都要談論或想著這件事。讓自己好好享受生命的其他樂趣。

想想重要的關係、工作、價值觀，以及目前你在本書中認同的自我照顧作法。

在底下圓餅圖的每一「片」中，寫下一個生命中的重要領域：

自癒練習：我的安全計畫

現在，我們來為你量身打造一個安全計畫。請運用本章的內容，擬定屬於你個人的安全計畫。聯繫你的個人與專業支持，並寫下保障自身安全所需的一

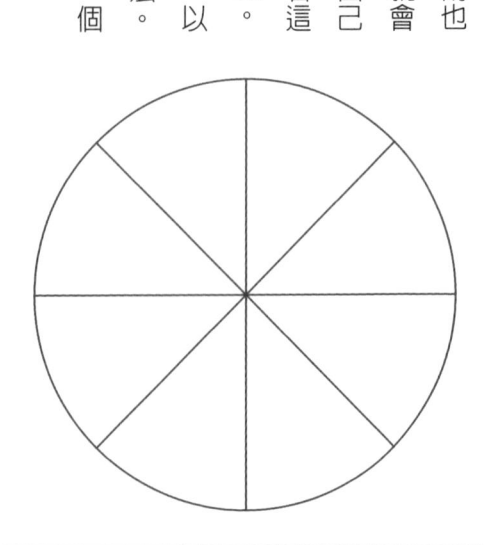

Chapter 6　安全計畫

切步驟。

◆ 因為我還處於關係之中,所以我保障安全的方式是,

◆ 因為我準備要離開這段關係,所以我需要規畫,

◆因為我已經離開這段關係卻又考慮再回去，所以我，

◆我已經完全脫離這段關係，不過我仍然為了難以處理的強烈情緒感到掙扎，

例如：

Chapter 6　安全計畫

◆ 當什麼發生時，我知道自己已經復原了。

◆ 什麼會讓我知道自己準備好再愛一次或再次約會？

保護令

保護令是一種可以透過法院取得的法律文件，用於保護遭到家暴、攻擊、騷擾、跟蹤或性侵害的人。在美國，每個州都有家暴保護令相關的法律，許多州也有針對跟蹤與性侵害的保護令法規。

每個州的限制與個人保護令法規不盡相同。但所有的州都會制定誰可以提出申請，你可以因此得到什麼保護，以及保護令會如何執行。保護令會針對施虐者對待你的行為提出限制與界限。施虐者會被命令要跟受害者、受害者的家、受害者的工作場所或學校保持一定的距離，並且不得接觸受害者。有時候，受害者會要求法院命令中包含所有可能的聯繫方式，包括訊息、電話、信件、傳真、電子郵件，或是送花、禮物或紙條。

每州的法院對取得這些命令所需的證據不盡相同。如果你能夠取得保護令，請隨時帶在身上。例如，我以前有一位當事人，她在關係結束五年後到一個大型公共場所時遇到了前夫。對方立刻對她施虐，展開一連串的辱罵與詛

Chapter 6　安全計畫

咒。她的包包裡有保護令（出門一定會帶），於是她求助於一位警員，警方當場將她前夫逮捕。

如果你認為保護令可能對你有好處，那麼請尋求專業支持。當地社區的家暴服務單位可以在過程中引導你。

（編註：關於台灣的保護令說明，請參見「相關資源」。）

本章總結

本章的內容著重於安全，並分析了處理你目前情況的關鍵要素。事先評估潛在的危險，可以在隨後的步驟中引導我們。就算你確定自己的安全沒有實際威脅，我還是希望你小心行事，並且基於盡量降低你對施虐者的憤怒或沮喪情緒的原則，來建立步驟。要是你出於憤怒或沮喪的感覺採取行動，可能會導致對方的控制手段變得激烈。

仔細思考本章提出的事項，尤其是你在這段期間繼續走下去時，在實物上及情緒

173

上所需要的一切。

在本章的後半部，我帶著你了解建立個人安全計畫並對未來設立目標的步驟。別跳過著重於療癒的部分，也就是要為自己建立一個平靜的空間，付出時間與精力在你生命中的其他部分，因為這些對你的復原來說都是不可或缺的。

Part 3

繼續前行

Moving Forward

在這個部分，我們會替你安排接下來的步驟。無論你正要離開虐待關係或是已經這麼做了，你心裡可能會想，那麼現在呢？需要多久時間才會從這段經歷復原？是什麼會取代它？你可能會發現這段虐待關係讓你的生命出現了一個空洞。我認為，如果我們不刻意尋找能夠填補那段空白的東西，就很有可能會重複以前的模式。

接下來的章節就是要幫助你達到這個目的。我希望提升你對自己的行為及其他方面的自覺。只要我們相信自己的感覺，持續意識到自己的互動方式，就能從性格特徵、個人特質以及與他人的短暫互動中，看出明顯的線索。負面經驗與後天養成的偏見，可能會干擾我們解讀社會情境的能力，也會影響我們的關係和我們所接納的人。

請仔細研讀這些章節。自我覺察、意識到當下，是你面對未來時最好的引導。

Chapter 7

健全的關係

想擁有滿足、追求目標、與人連結的生活，就要以健全的關係為基礎。孩子是透過與重要依附對象的關係，學會如何信任他人、調節情緒並與世界互動。這些關係會幫助他們發展對世界的看法（安全或不安全），並逐漸明白自身的價值。我們在嬰幼兒時期的大腦發展取決於經驗；換言之，我們是在與照顧者的關係之中發展。

我們需要彼此，這一點在我們長大以後也不會改變。我們天生就是社交動物，終其一生都要依賴彼此。雖然我們的文化強調獨立和自給自足，但我相信相互依賴比較適合我們的發展。相互依賴是能夠跟他人過著協調與合作的生活，並且建立社群和家庭。相互依賴代表著我們可以獨立行事，並且擁有依賴彼此的智慧與自尊。

在健全且相互依賴的關係中，我們的生命會緊密相連，但我們要對自己的想法、感受與行為負責。

健全的關係對我們的發展、生存及生活滿意程度很重要。在這一章中，我們會探討健全關係的定義，並且練習支持我們建立與維持健全關係的技巧。健全的關係需要時間和努力。

178

自癒練習：定義健全關係的特質

提到「健全的關係」，你會想到哪些詞？
圈選你最重視的五項關係特質，並給予1到5分的評比，1分是最重要。

信任　　欣賞　　開放溝通

尊重　　無條件接受　　團隊合作

互惠　　共同的過去　　正向關懷

樂趣　　安全　　往好處想

愛開玩笑　　親切　　接納

了解　　溫柔　　樂觀

心照不宣　　脆弱　　親近

安心　　感激　　寬容

聆聽　　妥協　　支持

自癒練習：個人特質

請花一點時間確認你對目前及未來的關係有什麼渴望，無論是戀愛關係、朋友關係或工作關係都可以。

◆ 運用你在前一項練習中選出的五個項目，思考每個人在培養你重視的關係特質時，需要什麼個人特質。例如，信任＝誠實、直率溝通、實現誠諾；團隊合作＝可靠、一致、負責等。

在他人身上尋求的特質

現在我們要開始思考你想在未來的伴侶、同事、上司或朋友身上找到什麼特質。請回到第四章從自我疼惜方面探討友誼的部分,並回顧你對那些問題的答案(參閱第96頁)。運用下列項目,選出你想在關係對象身上找到的特質。

- ☐ 誠實
- ☐ 負責
- ☐ 成熟
- ☐ 彈性
- ☐ 心胸開闊
- ☐ 對陌生人友好
- ☐ 自律
- ☐ 堅持到底/可靠
- ☐ 幽默感
- ☐ 自我反省的能力
- ☐ 耐心
- ☐ 尊重自己
- ☐ 尊重他人
- ☐ 照著價值觀生活
- ☐ 正直
- ☐ 願意分享過去
- ☐ 能夠調節情緒
- ☐ 照顧好自己
- ☐ 正面的人生觀
- ☐ 自信/果敢

在關係中共同調節情緒

在嬰兒時期，我們的神經系統必須仰賴照顧者讓我們覺得安全、有連結。我們的自我感發展，取決於我們跟照顧者的接觸情況。透過眼神交會、臉部表情、聲音、觸摸等方式，我們學會了安全與平靜，或是痛苦與害怕的感覺。我們在這個過程中學會調節自己的情緒，以及如何在關係中跟他人共同調節情緒。

「共同調節」可以定義為一個人的自律神經系統跟另一個人的系統互動，藉此達到情緒更加穩定的狀態。人與人之間有深刻的連結，並且會影響彼此的情緒、感覺和想法。創傷與虐待會對自我調節及共同調節造成困難，而持續的情緒失調會干擾我們與他人建立並維持關係的能力。

我們的思考與感受可以改變我們的生理狀態，而我們的動作和呼吸可以改變我們的想法及情緒。無論是單獨或處於關係之中，這個過程都會在我們身上發生。聽和看是跟他人建立並維持連結時很重要的部分。在關係中共同調節的能力，會讓我們感到安全，並進一步建立及加強信任和安全感。如果我們在關

自癒練習：探討我們的關係

請回顧第五章討論價值觀的部分（參閱第138頁）。在那些練習中，你確認了自己的個人價值觀，並且探討它們跟你的生活是否一致。現在運用相同的資訊來檢視你身邊的人，尤其是在第五章練習中你在內圈寫下的那些人（參閱第144頁）。寫下並思考那些關係。請記住，我們不是要尋找完美的人，而復原也不是從自我或他人身上尋求完美。

◆ 你是否跟想法一致的人處於關係之中，而他們也關愛並支持你？列出並思考那些內圈關係。

自癒練習：思考過去、現在及未來的關係

現在，你已經花了許多時間思考你的虐待關係及其他關係。希望你對人際關係的未來已經有所期望。我想邀請你花些時間思考目前你在這本書中完成的所有練習。

請回答以下的問題，試著整合你先前學到的一些內容。我希望你可以花一

點時間做這項練習,因為它的目標是要提升你對過去的見解與理解,同時產生對未來的期望。

◆ 對你而言,擁有健全關係的主要障礙是什麼?

◆ 你重視哪些能夠幫助你建立並維持健全關係的個人特質?

◆ 為了改善關係，你會想要適應或改變哪些個人特質或傾向？

_____

_____

_____

建立關係的技巧

在這個部分，我會探討情緒智力（emotional intelligence, EI），這是在一九九〇年代由心理學家丹尼爾・高曼（Daniel Goleman）推廣的概念。情緒智力的基本概念是，某些特質與能力有助於我們建立、引導及維持個人與專業關係，而這對我們的目標很實用。我從情緒智力借用的觀念包括自我意識、情緒調節、同理心、社交技巧。讓我們分別探討這些領域，並且練習其中的一些技巧。

Chapter 7　健全的關係

自癒練習：自我意識／情緒識別

自我意識又稱為情緒識別，是確定並認識出自身情緒的能力。我先介紹一些關於情緒與感受的心理教育內容。情緒是發生在我們體內，對於事件與互動的不隨意反應。感受則是文字，讓我們用來說明與描述這些不隨意體驗到的感覺。

身為人類，我們會想要了解自己的情緒和感受，因此通常會為它們找到發生的理由，或是歸因於某件事情上。在認定我們的基本情緒方面，有許多相關研究，也有一些分歧的意見。為了簡單起見，我選出九種基本情緒。不過，在這些類別之下，我們還可以用無數的方式來形容較為細微的情緒。

快樂
悲傷
恐懼
憤怒

厭惡
驚訝
嫉妒
愛
內疚

◆你覺得你跟自己的情緒有「聯繫」嗎?為什麼?

Chapter 7　健全的關係

◆ 你是從身體的哪些部分感覺到這些情緒的？

快樂

悲傷

恐懼

憤怒

厭惡

驚訝

嫉妒

愛

內疚

透過回憶與情緒重新連結

如果你發現自己難以識別體內的情緒,請嘗試這項練習。針對這九種情緒選擇一段回憶,然後閉上眼睛。讓回憶展開,注意伴隨回憶出現的身體感覺。在前面的空白欄位盡可能準確寫出來。

抗拒某些情緒,或是試圖否認或忽視身體感覺的情況,其實並不少見。基本上,我們都傾向於避免不愉快的經驗。然而,情緒對人類來說具有非常重要的功能。情緒能讓我們了解周遭世界以及我們的關係。如果我們忽視、否認或看輕自己的情緒,就等於是切斷了一條關鍵的資訊來源。

接下來,我們會著重於調節自己的情緒。請注意,我說的是調節,而非控制。要記得我們的情緒不是隨意的,我們無法控制。在這項練習中,請讓你的情緒通過身體,並且透過長而深的呼吸來釋放。

情緒調節

情緒調節是讓自己平靜下來或處理強烈情緒的能力。這是很重要的技巧,因為我

Chapter 7 健全的關係

們有強烈情緒時，通常都會有採取某些行動的強烈衝動。我們要在感受到情緒與採取行動的空檔之中，練習情緒調節策略或因應技巧。這是因為我們在經歷強烈情緒時，無法做出最好的決定，而要是我們處於「戰鬥、逃跑或僵住」的狀態，可能會難以處理自己的反應。

戰鬥或逃跑反應是在我們受到威脅時無意識觸發的。這會幫助我們的身體在感知威脅時準備好保護自己。雖然這種反應也許可以保護被野生動物追逐的我們，但在學校或工作場所必須上台報告時，卻無法發揮作用。深呼吸、漸進式肌肉放鬆、分散注意力、安心穩步技巧（grounding，編註：一邊深呼吸，一邊說出自己看見、聽見、感覺到的事物。），這些都是我們可以用來調節情緒的方法。我希望你可以實驗各種因應技巧，看看什麼最有幫助。

以下列出因應技巧的部分清單供你練習。

191

情緒調節策略／因應技巧

◎ 分散注意力
- 看電影
- 打電話給朋友
- 曼陀羅著色畫
- 寫日誌
- 拼圖
- 玩遊戲

◎ 安心穩步：運用感覺將自己「穩定」在當下
- 喝茶
- 列出周圍環境中的十樣物品
- 聽音樂
- 享用一些巧克力

Chapter 7　健全的關係

- 運動
- 使用芳香療法的精油或薰香
- 沖澡或泡澡
- 撫摸寵物

◎**深呼吸／放鬆**
- 練習第四章介紹的腹式呼吸（參閱第111頁）
- 練習第四章介紹的漸進式肌肉放鬆（參閱第108頁）

◎**思維挑戰**
- 寫下你的負面想法並質疑其合理性

◎**精神修養**
- 冥想
- 禱告
- 擔任志工

同理心

同理心是設身處地替他人著想的能力。這種能力可以讓你感覺、識別、想像並理解另一個人的感受。如果要培養同理心，我們可以練習特定的社交參與技巧，並且教育自己，讓自己了解其他人所過的生活。

社交技巧

社交技巧包括運用前面三個概念來引導我們的親社會行為（想要幫助他人與社會的行為）。這些技巧包括：

- 有意圖的，專注於你在互動中想要達成的目標。
- 明確，要真誠坦率。
- 識別你的感受。讓其他人知道你有什麼感受，幫助釐清你的目標。使用第五章介紹的「我」陳述句（參閱第146頁）。
- 練習積極聆聽。確認對方的意思，並提出讓意義更明確的問題。

Chapter 7　健全的關係

- 思考你的身體語言及非語言溝通。
- 注意其他人的身體語言及非語言溝通。
- 確認其他人的感受。讓對方知道你理解他們的情緒反應,這對緩解潛在的衝突相當有幫助。
- 避免批評與人身攻擊。
- 離開你受到人身攻擊的情境。與其讓情況加劇的可能性上升,或是讓自己被侮辱、虐待或受害,不如暫停一下。
- 堅持你的價值觀。不要發表仇恨言論與八卦,這樣很惡毒。
- 要誠實。
- 練習使用禮貌的語言。說「請」和「謝謝」。
- 為他人的時間著想。注意你的環境以及其他人的需求。
- 在適當的時候協商,但也要維持界限。
- 練習能夠識別的非語言溝通。

關於表達情緒的迷思

有什麼關於情緒表達的迷思，正在阻止你讓其他人知道你真正的感受？勾選以下你覺得符合的項目：

☐ 我需要控制自己的情緒。
☐ 表達情緒是很懦弱的。
☐ 只有某些情緒才可以。
☐ 如果我放下並感受這種情緒，就會被它淹沒。
☐ 如果我把感受告訴任何人，就會被對方用來對付我。
☐ 我一定是哪裡有問題。其他人不會有這種感覺。
☐ 我應該不需要支持就能處理了。
☐ 如果我表達自己的感受，大家就不會喜歡我。
☐ 身為成人就表示不能有情緒反應。

Chapter 7　健全的關係

處理關係中的衝突

每一段關係都無法避免衝突。如你所知,處理衝突的方式有好有壞。施虐者在你表達自己或提出主張時的反應,可能會造成你始終以逃避的方式處理衝突。想要擺脫現況,就必須了解如何以健康的方式處理衝突。在前面的內容中,我們討論了哪些社交技巧可以支持積極健全的關係,而那些技巧在這裡也適用。你可能會因為過去的經歷而覺得衝突很可怕,但情況不一定如此。跟新的對象確立基本原則,或是直接對他人表明你的期望,這些在衝突發生時都能有非常大的幫助。

☐ 表達並感受到負面情緒是自憐的跡象。
☐ 我必須理性。
☐ 感受是不相關的。
☐ 如果我表達自己的情緒,就會像個小題大做的人。

史蒂芬・柯維（Stephen Covey）在《與成功有約：高效能人士的七個習慣》（The 7 Habits of Highly Effective People）一書中，提出了在因應關係或衝突時實用且有效的策略。「雙贏」和「知彼解己」的概念是特別用於處理個人衝突的方法。雙贏策略是指找出符合雙方需求的解決之道。這表示要產生合作與互益的想法。光是接納這種態度，就會改變我們看待衝突的方式。「知彼解己」的方法則是要練習積極聆聽與同理心。這會改變我們對衝突對象的感覺，並且營造出一種開明與合作的氣氛。

公平爭論的規則

- 不能侮辱或怒罵。
- 不能大吼。
- 聚焦在眼前的問題上。不要提起過去。
- 不要使用「總是」和「從不」這些詞。
- 使用「我」的陳述句。

198

Chapter 7　健全的關係

- 確認你的感受並為此負責。不要假設或指控對方讓你有某種感受。
- 輪流發言。
- 不要妨礙溝通,像是毫無反應或忽視對方。這樣並不能促進合作或和解。
- 如果對話變得激烈,就暫停一下。
- 容許對方暫停一下以平靜下來。如果你在分離時感到焦慮,請練習自我調節。
- 著重於和解與解決,而不是挑毛病及指責。

自癒練習：學會公平爭論

◆請思考前述的規則。寫下你在閱讀那些規則時產生的想法或感受,同時思考過去與現在的關係。目前你是否會實踐這些準則?在哪些關係中這麼做?

199

◆ 這段虐待關係導致你在跟別人起衝突時對什麼事敏感？或者會被什麼觸發？

◆ 根據你在前兩個練習的回應，在清單裡加入你自己的規則。

自癒練習：認識溝通的阻礙

請閱讀下列阻礙溝通的內容，勾選過去三十天內你曾經使用的項目。接著回答隨後的問題。

☐ **讀心術**：你預期對方知道你在想什麼，或者你認為自己光聽他們說話，就知道他們「真正的意思」。

☐ **未求證就假設**：如果我們不問，就無法確定。

☐ **等著說話而不是聆聽**：如果我們只是一直講自己的答案，就不會認真聽對方說話。

☐ **只挑選對自己有利的事並過濾資訊**：當我們只聽得進證明自己對的事，並忽略其他資訊，這樣就無法找到共識。

☐ **透過衝突處理壓力**：我們藉由爭吵與爭論來發洩。如果你一直處在虐待關係之中，那麼你可能習慣了暴力的循環。

自癒練習：思考自己在溝通上的阻礙

□ 給予建議：只要別人一提起話題，我們就立刻插話提供建議。

□ 評判：我們評判對方，這樣就無法真正聽見他們的觀點。

□ 正確：要是我們想當正確的一方，就無法充分關心對方的看法。

□ 在嚴肅的會話中發揮幽默：有時候確實適合讓氣氛輕鬆一點；然而，當有人想要被聽見或理解，這麼做可能會顯得不顧他人感受。

□ 安撫：只是為了同意而同意，或是為了結束對話而同意，並不是因為真的同意；甚至你向對方道歉，但根本不打算改變行為。

□ 放空：不注意對方說的話也許是一種避免衝突的方式。

◆ 你是否有偏好的阻礙（也就是你比較常採用的方法）？

Chapter 7　健全的關係

◆ 你認為怎麼會演變成那樣呢?

◆ 你會比較常對特定的人採用這種方法嗎?請說明。

◆ 可能的原因是什麼？

◆ 是否有特定的主題讓你覺得比較難溝通？

◆ 可能的原因是什麼？

投資我們的關係

關係需要滋養才能茁壯成長。投入時間、關注、體貼、樂趣、親密、支持,這些全都是建立並維持健全關係的要素。這件事沒有捷徑;這需要努力與投入。

- **在你的關係中建立儀式**。無論是伴侶、孩子、朋友或同事,慣例與儀式會將我們聯繫在一起。這些慣例與儀式不必精心規畫,比如簡單地在每個星期日早上一起吃早餐,或是每天晚上花點時間一邊洗碗一邊聊著你的一天。
- **一起慶祝成功**。花時間認真看待彼此的成功與成就。
- **注意並表達對彼此的感激**。花時間認真看待你所愛之人的努力。

本章總結

經歷過虐待關係造成的痛苦與失落之後，許多人也許會逃避關係一段時間，原因是他們害怕再次承受這種風險。不過我向你保證，健全的關係是可以達成的。完成這一章的內容之後，你就已經踏出為未來建立新藍圖的第一步了。

本章旨在幫助你定義自己在目前與未來的關係中所渴望的特質。為了達成這個目標，我們著重討論了可以在他人身上尋找的特質，以及你想要培養或者重視的特質。我們強調了最重要的關係技巧，更確切來說是自我調節、運用因應策略、識別阻礙傾聽的因素、練習同理心，以及建立親社會行為的相關策略。

最後，我們將處理衝突和滋養關係的能力視為基本要素，這樣才能實現並維持彼此滿意及支持的關係。

Chapter

8

撤離計畫

無論對象是愛人、朋友、家人或工作，要做出離開關係的決定都很困難，通常也很痛苦。由於你受過虐待的苦，所以這可能會讓你覺得失去了一部分的自己。在前面的章節中，我們討論過你在做出這些改變時會經歷的悲傷與失落，不過你也可能對未來感到些許焦慮和害怕。

在你徹底離開之前，確實應該先規畫好出路。首先，我們來探討你對於從這個情境脫離而產生的恐懼與擔憂。請回答以下問題：

◆ 你覺得離開虐待關係／情境會有什麼困難？

自癒練習：探討離開的阻礙

記住，如果你害怕離開關係時會有任何危險，請回頭檢視第六章關於安全計畫的內容，並聯絡當地的家暴處理單位。

離開你所處的情境，會影響以下任何類別嗎？勾選你生活中會受到影響的領域。

☐ 住家
☐ 交通
☐ 財務
☐ 工作
☐ 法律
☐ 健保
☐ 支持系統

一旦確認了離開時的優先事項，你就可以開始採取步驟做出必要的改變，擺脫虐待關係並繼續前行。即使在你看來還要過一段時間才能脫離這個情境，

光是起步往獨立的方向前進，就已經有非常大的自主感了。

讓我們逐項探討。

◆如果採取這種行動，你的住家會有危險嗎？為什麼？

如果你正處於虐待關係之中，在美國很多州都對此制定了中斷租約的法律。請聯絡當地的家暴處理單位了解相關資訊。

如果你之後難以負擔房租，請考慮聯繫朋友、家人以及宗教團體，看看有誰願意幫忙或知道誰能幫忙。此外，大多數城市都有房屋委員會，提供可負擔房租的方案與資源。而且大部分城市也都有針對家暴受害者的住房資源（不一

Chapter 8　撤離計畫

定是身體上的虐待才符合資格），包括短期和一些長期的選擇，例如收容機構和過渡性住宅。許多宗教團體都能提供財務補助，例如押金或第一個月的房租，通常也不會限制你必須是該團體的成員。請調查你的城鎮或都市有什麼可用資源。

（編註：「相關資源」中列有台灣當地可提供協助的單位。）

◆你的離開會影響到你使用交通工具嗎？為什麼？

這可能又會讓你感到驚訝了，因為非營利組織、宗教團體、教會以及家暴服務單位，偶爾會有因應各種需求的資源。個人車貸和大眾運輸補助只是眾多可能選項的其中兩種。如果你必須到外地，旅行補助也會負擔一些運輸成本。

◆ 你的離開會對財務有重大影響嗎？為什麼？

規畫預算絕對有好處，但如果你的離開會影響到財務，這一點就格外重要。為了準備離開，請盡早存愈多錢愈好。接著，檢視你每個月的帳單與收入。還有減少支出的空間嗎？你可以兼職一段時間嗎？你有值錢的東西願意賣嗎？我們偶爾會對某些東西感到依戀；然而，在個人物品與遭受虐待之間應該不難選擇，儘管這兩者可能都令人痛苦。

如果你因為虐待而要離職，請查明關於失業津貼的內容。雖然辭職通常不符合資格，但遭到上司虐待的情況或許可以例外處理。如果你承受著很大的壓力、憂鬱或焦慮，請病假或事假也許是另一種選擇。請向你的人資部門和醫療照護提供者確認。醫療照護提供者通常需要針對你的狀況提供一些文件。

Chapter 8　撤離計畫

◆ 你的離開會對工作有重大影響嗎？為什麼？

無論施虐者是上司、家人，或是跟你的職場有關聯的另一半，你可能需要換工作或至少確認自己是否有選擇。也許你可以請休假、病假或去度假，在這段期間尋找其他的工作選擇。更新你的履歷表，並且聯絡你的人脈。

讓你身邊的人知道情況。我發現很多人在知道朋友陷入麻煩時，都會願意提供工作資訊或職業支持。請利用你的個人支持系統，同時也要尋求專業協助。

◆ 你會需要法律協助嗎？為什麼，以及需要哪種協助？

大多數的市鎮都有法律扶助與收費合理的律師。同樣地，如果你要離開發生虐待的親密關係，許多家暴防治中心都會提供低價或免費的律師諮詢。請確認你所在的都市或城鎮是否有家庭司法中心。如果你要離開發生虐待的親密關係，可以尋找一站式的支援服務，包括法律代表。

如果你在工作環境中遭到非法虐待，例如性騷擾或性別歧視，你可以尋找願意接下案子且不必預付款項的律師，尤其是還有其他受害者的時候。

如果你打算申請合法分居或離婚，請在做出決定之前先找律師討論。雖然很多律師都不建議這麼做，但他們會願意免費提供首次諮詢。

（編註：「相關資源」中列有台灣當地可提供協助的單位。）

◆ 你的離開會影響到你的健保嗎？為什麼？

214

Chapter 8 撤離計畫

如果你無法使用健保，必須先仔細研究你有哪些選擇。大多數雇主都會提供延續健康保險（Continuation of Health Coverage, COBRA）方案，也就是說，你可以繼續保險，但保費必須由你支付而非雇主。根據你的年紀而定，也許你可以跟家人一起投保。雖然在美國每一州的方案不盡相同，但大多數的州都有保險市集可購買保險。州與聯邦有根據收入提供給低收入家庭的方案，另外也有醫療保險和醫療補助。

◆你的離開會影響到你的支持系統嗎？為什麼？

如果你覺得自己會失去支持系統，請立刻聯繫專業資源。非營利組織、家暴防治中心、宗教組織與宗教團體等，提供了各種情緒支持服務，包括諮詢、

215

個案管理以及支持團體。你可以得到幫助,所以不要獨自面對。

請回顧本手冊前面的練習。希望你已經開始重新認識自己,也開始設定未來的目標。從受虐後復原是一個艱難痛苦的過程,但是你有很多可以期待的。療癒的過程需要極大的努力、忍耐與堅持。要為自己感到驕傲。你的復原力很強,否則你無法走到這裡。

處理職場霸凌的策略

當你的上司是情緒虐待者,將會剝奪你和同事在工作上的滿足感,並且使你的日常生活感到壓力、焦慮與恐懼。這種壓力、無力感和焦慮通常也會滲透到你的私人生活。如果你目前處在這種情況中,請記住這些訣竅:

● **盡量避開施虐者**。注意警訊,並且在對方處於「壞心情」的時候,盡量避免任何接觸。

- **設定界限**。以堅定的方式拒絕不可能的工作和不合理的要求，這能夠幫助你有自主感，甚至可能阻止職場上的霸凌。
- **找你的同事商談**。向其他人尋求支持，同時查明他們是否受到這種行為影響，這些也能幫助你應對並找到資源。
- **找人力資源部門商談**。雖然人資部門會傾聽，但他們不一定會採取行動。這種情況在上司可能夠影響他們工作的時候格外明顯，或者背後可能有你不一定看得出來的其他原因。這種行為跟其他情緒虐待的形式一樣，通常並不違法，所以會被容忍。

人資部門也許會告訴你在職場上能做的選擇，例如提出申訴、轉調或請壓力假。許多工作場所都會提供員工協助方案（Employee Assistance Program, EAP），其中包括諮詢，偶爾也會有法律或財務建議。如果有的話請好好運用員工協助方案。這能夠幫助你決定自己有哪些工作與職業選擇。

什麼是復原力？

復原力是從逆境恢復的能力。我們可以培養自己的復原力。以下列出各方面的復原力：

關係：成為朋友的社交能力／能力，建立積極關係的能力。

服務：付出自己去幫助他人、動物、組織或社會問題。

幽默：擁有並運用良好的幽默感。

內在引導：根據內在評估或內控做出選擇與決定。

感知力：深刻理解他人與情況。

獨立：「適應性地」疏遠不健全的人與情況，具有自主性。

彈性：能夠為了改變而調整，能夠在必要的時候順從以積極處理情況。

愛好學習：能夠學習並與學習連結。

自我激勵：內在的進取心，以及發自內心的正面動機。

Chapter 8　撤離計畫

本章總結

能力：對「某件事擅長」，具有個人能力。
自我價值：自我價值與自信的感受。
靈性：對某種更崇高事物的個人信念。
堅持不懈：儘管困難也要繼續，不放棄。
創造力：透過藝術探索或其他創意方式表達自己。

在這一章，我們一起設計了一個離開情緒虐待情境的完整計畫。事先規畫結束虐待關係後的未來走向，可以幫助你成功度過這些情況，並且盡量減少可能復發的恐懼。你做過的練習可以讓你準備好面對未來的障礙，也提出許多層面讓你知道自己必須繼續前進。你也檢視了可能的必要資源，例如住家、健保、交通及支持系統。在本章的後半部，我們強調了在職場上處理霸凌的策略。

最後，我們討論了復原力，如果你走到這一步，就表示你的復原力很強。強調這項優點和其他正面特質，會讓你更願意投入追求個人成長。離開情緒虐待的情境時，自愛與滋養心靈的能力是重要關鍵。把握你的復原力，這能夠給你必要的知識與力量，讓你度過任何難關，最後創造出不受虐待的未來。

結語

你走了很長一段路，忍受了很多，而完成這本書的練習表示你決心要讓自己復原。要為你的成就自豪，也要對自己堅持繼續前進而感到驕傲。也許你曾經想要放棄，可是你沒有，而你在努力的同時，可能還肩負著許多其他的責任。

你有勇氣面對自己的生命、面對自我、面對痛苦。雖然挖掘過去是一件困難的事，但是其結果可能會改變生命。藉由回顧過去而展望未來才有意義，我希望你在完成這本書的活動時能夠體會這一點。只要我們明白自己的處境及其成因，我們的選擇就會更明確，也會更清楚未來的方向。

我希望你花一些時間思考完成這本書之後的感受。你在旅程中學會了什麼大大小小的事？你可能會把什麼內容傳遞給其他人？你從這段經歷中創造了什麼意義？

無論你會怎麼回答這些問題，我都為你感到驕傲。

【相關資源】

◆ 網站

benefits.gov
美國政府的官方網站,透過網路提供福利資訊。

coda.org
Co-Dependents Anonymous 的官方網站,提供十二步驟復原方案。

hotpeachpages.net
提供國際家暴處理服務資源。

joinonelove.org
教育年輕人何謂健全關係

相關資源

loveisrespect.org

這個支援熱線會鼓勵、教育及幫助年輕人防止並終結虐待關係；通話免費且保密，即時交談，而訊息服務也是二十四小時全年無休。

交談 www.loveisrespect.org；傳送文字訊息LOVEIS至1-866-331-9474；電話1-866-331-9474。

national domestic violence hotline

請造訪 thehotline.org，電話 1 (800) 799-7233, 1 (800) 787-3224 TTY，或者傳送文字訊息LOVEIS至1-866-331-9474；全天提供受害者／倖存者支持服務。

national sexual assault hotline

1 (800) 656-HOPE

nnedv.org

終止家庭暴力全國網（National Network to End Domestic Violence）的宗旨是要建立一個不再讓女性受到暴力的社會、政治與經濟環境；提供其他資源的資訊與連結。

onlineparentingprograms.com
提供各種主題的資訊與課程，包括高衝突的離婚、監護權爭執以及家暴；課程需收費。

techsafety.org
網站提供了在伴侶虐待、性侵害及女性遭受暴力情境中，安全使用科技的工具包。

womenshealth.gov
Office on Women's Health 的網站，提供資源熱線，並藉由推動政策、教育健康照護專業人員與消費者，以及支持女性方案，來處理女性的健康問題。

womenslaw.org
網站提供相關資訊給各性別的人，不限女性；電子郵件熱線為針對家暴、性暴力或相關主題有疑問的人提供法律資訊。

workplacesrespond.org
針對職場騷擾提供全國相關的資訊及資源。

相關資源

◆ 書籍

Splitting: Protecting Yourself While Divorcing Someone with Borderline or Narcissistic Personality Disorder, by Bill Eddy、LCSW、JD、Randi Kreger

The Verbally Abusive Relationship, by Patricia Evans

◆ 台灣當地資源

「張老師」基金會	網站：**www.1980.org.tw** 臉書：財團法人「張老師」基金會 專線：1980 電子信箱：1980@1980.org.tw
台灣防暴聯盟	網站：**www.tcav.org.tw** 電話：02-2567-3434 貓頭鷹申訴專線：0800-434-434 以關懷所有形式的性別暴力防治為主，增進社會大眾對防暴問題的認知等。

旭立文教基金會	網站：www.shiuhli.org.tw ● 家暴防治學習（專案部） 電話：02-2363-3116 ● 員工協助方案（EAP） 電話：02-2363-9425 企業員工協助專線：02-2363-0017 電子信箱：pcchang@shiuhli.org.tw
法律扶助基金會	網站：www.laf.org.tw 全國專線：412-8518（市話可直撥，手機請加02） 電話：02-2322-5255 全台各縣市都設有分會，主要提供「法律諮詢」及「申請扶助律師」的服務。
迎曦教育基金會	網站：yingxi.org.tw 電話：04-2291-8198 電子信箱：yingxiginging@gmail.com 提供兒少保護及輔導工作、目睹家暴兒少輔導工作、家庭暴力防治工作等。

相關資源

婦女救援基金會	網站：www.twrf.org.tw 電話：02-2555-8595 目睹兒諮詢專線：02-2834-7045 電子信箱：master@twrf.org.tw 致力於關心受到性別暴力壓迫及被忽略的弱勢婦幼，提升婦幼人權。
婦女新知基金會	網站：www.awakening.org.tw 電話：02-2502-8715 電子信箱：awakening1982@awakening.org.tw 提倡托育及長照公共化、性別友善職場、身體自主、伴侶權益、婚姻平權。
現代婦女基金會	網站：www.38.org.tw 電話：02-2391-7133 電子信箱：mwf.org@msa.hinet.net 協助遭受家庭暴力、性侵害、性騷擾的被害人，並進行預防宣導及制度倡導。
衛生福利部	家暴防治網站：www.mohw.gov.tw/cp-190-231-1.html

勵馨社會福利事業基金會

網站：www.goh.org.tw
電話：02-8911-8595
電子信箱：master@goh.org.tw

希望預防及消弭性侵害、性剝削及家庭暴力對婦女與兒少的傷害，並致力於社會改造，創造對婦女及兒少的友善環境。

◎台灣的保護令

保護令是由法院所核發以保護家庭暴力被害人人身安全與相關權益的命令，分為通常保護令、暫時保護令及緊急保護令三種。

1. 緊急保護令：被害人有遭受家庭暴力的急迫危險，由檢察官、警察機關或各直轄市、縣（市）主管機關向法院聲請，且法院應於受理聲請後四小時之內核發。

2. 暫時保護令：在「通常保護令」審理終結前，法院得依被害人、檢察官、警察機關或各直轄市、縣（市）主管機關書面聲請或依其職權核發暫時保護令，主要是為了填補通常保護令審理期間的空窗期。

228

相關資源

3. **通常保護令**：由被害人、檢察官、警察機關或各直轄市、縣（市）主管機關以書面向法院提出聲請，經法院審理後核發之。

- 如何申請保護令：
  1. 撥打113保護專線尋求協助。
  2. 到任何一間警察局或派出所報案，尋求協助。家防官會通報社工提供相關支援，也會協助填寫保護令聲請狀及準備相關文件。
  3. 直接具狀向法院提出聲請，或直接到法院提出聲請。法院聯合服務中心、地方政府駐地方法院的家庭暴力事件服務處或家事服務中心可提供諮詢。

| 參考資料 |

American Psychiatric Association. *Diagnostic and Statistical Manual of Mental Disorders*, Fifth Edition. Arlington, Virginia: American Psychiatric Publishing, 2013.

Anderson, Kim M. *Enhancing Resilience in Survivors of Family Violence*. New York: Springer Publishing, 2009.

Anderson, Kim M., Lynette M. Renner, and Fran S. Danis. "Recovery: Resilience and Growth in the Aftermath of Domestic Violence." *Violence Against Women* 18, no. 11 (2012): 1279–1299. doi: 10.1177/1077801212470543.

Arabi, Shahida. "The Differences Between Abusers with Narcissistic Personality Disorder vs. Borderline Personality Disorder." Accessed March 22, 2020. Psychcentral.com/lib/the-differences-between-abusers-with-narcissistic-personality-disorder-vs-borderline-personality-disorder.

参考資料

Baer, Ruth A., Emily L. B. Lykins, and Jessica R. Peters. "Mindfulness and Self-Compassion as Predictors of Psychological Wellbeing in Long-Term Meditators and Matched Nonmeditators." *The Journal of Positive Psychology* 7, no. 3 (May 2012): 230–238. doi:10.1080 /17439760.2012.674548.

Brown, David R., and Mark S. Parrish. *College Student Spirituality: Helping Explore Life's Existential Questions.* VISTAS, 2011.

Campbell, Jacquelyn C., ed. *Assessing Dangerousness: Violence by Batterers and Child Abusers.* 2nd ed. New York: Springer Publishing, 2007.

Cloud, Henry, and John Townsend. *Boundaries: When to Say Yes, How to Say No to Take Control of Your Life.* Grand Rapids, Michigan: Zondervan, 1992.

Co-Dependents Anonymous International. "Patterns and Characteristics of Codependence." Accessed March 2020. Coda.org/meeting-materials/patterns-and-characteristics-2011.

Comaford, Christine. "75% of Workers Are Affected by Bullying—Here's What to Do About It." Accessed April 20, 2020. Forbes.com/sites/christinecomaford/2016/08/27/the-enormous-toll-workplace-bullying-takes-on-your-bottom-line/#a223c61595e.

Covey, Stephen. *The 7 Habits of Highly Effective People*. New York: Free Press, 1994.

Doran, G. T. "There's a S.M.A.R.T. Way to Write Management's Goals and Objectives." *Management Review* 70, no. 11 (1981): 35–36.

Goleman, Daniel. *Emotional Intelligence*. New York: Bantam Books, 1995.

Kanter, Jeremy B., and David G. Schramm. "Brief Interventions for Couples: An Integrative Review." *Family Relations* 67 (April 2018): 211–226. doi:10.1111/fare.12298.

Karakurt, G., and K. E. Silver. "Emotional Abuse in Intimate Relationships: The Role of Gender and Age." *Violence and Victims* 28, no. 5 (2013): 804–821. doi.org/10.1891/0886-6708.vv-d-12-00041.

參考資料

McKay, Matthew, Patrick Fanning, and Kim Paleg. *Couple Skills*. 2nd ed. Oakland, California: New Harbinger Publications, 2006.

Mulay, A. L., M. H. Waugh, J. P. Fillauer, D. S. Bender, A. Bram , N. M. Cain, E. Caligor, et al. "Borderline Personality Disorder Diagnosis in a New Key." *Borderline Personality Disorder and Emotion Dysregulation* 6, no. 18 (2019). doi.org/10.1186/s40479-019-0116-1.

Naparstek, Belleruth. *Invisible Heroes: Survivors of Trauma and How They Heal*. New York: Bantam Dell, 2006.

Neff, K. D. "The Science of Self-Compassion," in *Wisdom and Compassion in Psychotherapy: Deepening Mindfulness in Clinical Practice*, edited by C. K. Germer and R. D. Siegel, 79–92. New York: Guilford Press, 2012.

Novotney, Amy. "The Risks of Social Isolation." *American Psychological Association* 50, no. 5 (May 2019). http://apa.org/monitor/2019/05/ce-corner-isolation.

Peterson, Joann S. *Anger, Boundaries and Safety*. Gabriola Island, BC, Canada: PD Publishing, 2001.

Proeve, Michael, Rebekah Anton, and Maura Kenny. "Effects of Mindfulness-Based Cognitive Therapy on Shame, Self-Compassion and Psychological Distress in Anxious and Depressed Patients: A Pilot Study." *Psychology and Psychotherapy: Theory, Research and Practice* 91 (2018): 434-449. doi:10.1111/papt.12170.

Salovey, Peter, Marc A. Brackett, and John D. Mayer. *Emotional Intelligence*. Port Chester, NY: Dude Publishing, 2004.

SAMHSA Native Connections. "Setting Goals and Developing Specific, Measurable, Achievable, Relevant, and Time-bound Objectives" (PDF). Substance Abuse and Mental Health Services Administration. samhsa.gov/sites/default/files/nc-smart-goals-fact-sheet.pdf.

Urena, Julissa, Eva M. Romera, Jose A. Casas, Carmen Viejo, and Rosario Ortega-Ruiz. "Psichometrics Properties of Psychological Dating Violence Questionnaire: A Study

參考資料

with Young Couples." *International Journal of Clinical and Health Psychology* 15 (2015): 52–60. dx.doi.org/10.1016/j.ijchp.2014.07.002. Van Der Kolk, Bessel. *The Body Keeps the Score*. New York: Penguin, 2015.

Warshaw, Carole, Phyllis Brashler, and Jessica Gil. "Mental Health Consequences of Intimate Partner Violence," in *Intimate Partner Violence: A Health-Based Perspective*, edited by Connie Mitchell, 147–172. New York: Oxford University Press, 2009. nationalcenterdvtraumamh.org/wp-content/uploads/2015/10/Mitchell-Chapter-12.pdf.

Zhang, Huaiyu, Natalie N. Watson-Singleton, Sara E. Pollard, Delishia M. Pittman, Dorian A. Lamis, et al. "Self-Criticism and Depressive Symptoms: Mediating Role of Self-Compassion." *Journal of Death and Dying* 80, no. 2 (September 2017): 202–223. doi:10.1177/0030222281772 9609.

索引

◎ A~Z

SMART — p.122, 165

◎ 4~5劃

丹尼爾・高曼 Daniel Goleman — p.186
反社會型人格障礙 Antisocial Personality Disorder, APD — p.43
卡繆 Albert Camus — p.68
史蒂芬・柯維 Stephen Covey — p.198
生存模式 — p.92

◎ 6~10劃

伊麗莎白・庫伯勒・羅斯 Kübler-Ross — p.53
共同調節 — p.182
共依存症 — p.150
共依存症匿名會 Co-Dependents Anonymous, CoDA — p. 150
安心穩步 — p.191, 192
自戀型人格障礙 Narcissistic Personality Disorder — p.43, 44

236

索引

克莉絲汀‧聶夫 Kristin Neff — p.94, 95

治療師 — p.11-15, 118

虐待者 — p.39, 45, 134, 216

◎ **11劃以上**

做作型人格障礙 Histrionic Personality Disorder, HPD — p.45

健全關係 — p.29, 178, 179, 185, 205

情緒智力 emotional intelligence, EI — p.186

喬治‧多倫 George Doran — p.122

復原力 — p.12, 53, 94, 164, 216, 218, 220

《煤氣燈下》 *Gas Light* — p.23

煤氣燈操縱 gaslighting — p.23-25, 36

腹式呼吸 — p.34, 111, 117, 193

漸進式肌肉放鬆 — p.108, 117, 191, 193

《與成功有約：高效能人士的七個習慣》 *The 7 Habits of Highly Effective People* — p.198

邊緣型人格障礙 Borderline Personality Disorder, BPD — p.44

237

情緒虐待自癒療法——
擺脫心理暴力的惡性循環，重新走向自我復原之路。

作　　者 ── 泰瑞莎‧科米托	發 行 人 ── 蘇拾平
（Theresa Comito）	總 編 輯 ── 蘇拾平
譯　　者 ── 彭臨桂	編 輯 部 ── 王曉瑩、曾志傑
特約編輯 ── 洪禎璐	行 銷 部 ── 黃羿潔
	業 務 部 ── 王綬晨、邱紹溢、劉文雅

出　　版 ── 本事出版
發　　行 ── 大雁出版基地
　　　　　地址：新北市新店區北新路三段207-3號5樓
　　　　　電話：(02) 8913-1005　傳真：(02) 8913-1056
　　　　　E-mail：andbooks@andbooks.com.tw
劃撥帳號 ── 19983379　戶名：大雁文化事業股份有限公司
美術設計 ── POULENC
內頁排版 ── 陳瑜安工作室
印　　刷 ── 上晴彩色印刷製版有限公司
2021 年 10 月初版
2025 年 02 月二版1刷
定價　450元

THE EMOTIONAL ABUSE RECOVERY WORKBOOK: BREAKING THE CYCLE
OF PSYCHOLOGICAL VIOLENCE
by THERESA COMITO
Copyright © 2020 Callisto Media, Inc.
First Published in English by Rockridge Press, an imprint of Callisto Media, Inc.
This edition arranged with Rockridge Press, an imprint of Callisto Media, Inc.
through Big Apple Agency, Inc., Labuan, Malaysia.
Traditional Chinese edition copyright:
2021 Motifpress Publishing, a division of And Publishing Ltd.
All rights reserved.

版權所有，翻印必究
ISBN 978-626-7465-44-8

缺頁或破損請寄回更換
歡迎光臨大雁出版基地官網 www.andbooks.com.tw 訂閱電子報並填寫回函卡

國家圖書館出版品預行編目資料
情緒虐待自癒療法 ── 擺脫心理暴力的惡性循環，重新走向自我復原之路。
泰瑞莎‧科米托（Theresa Comito）／著　彭臨桂／譯
---.二版.— 新北市；本事出版　：大雁文化發行，2025 年 02 月
　面　　；　公分.–
譯自：The Emotional Abuse Recovery Workbook:
　　　Breaking The Cycle Of Psychological Violence
ISBN 978-626-7465-44-8（平裝）
1.CST:家庭暴力　2.CST:人際衝突　3.CST:心理治療法
544.18　　　　　　　　　113018135